AF609989

PAUL DREYFUS

JOURNAL

DU

SIÈGE de BELFORT

3e EDITION

BELFORT
IMPRIMERIE NOUVELLE

1908

LE COLONEL DENFERT-ROCHEREAU

JOURNAL

DU

SIÉGE DE BELFORT

JOURNAL

DU SIÈGE DE BELFORT

Après le désastre de Frœschwille, connu à Belfort par une dépêche du sous-préfet de Schlestadt, le Conseil de défense décide de compléter les fortifications et les approvisionnements de la place.

Une large et profonde tranchée est creusée, formant une deuxième enceinte à l'ouest. Elle dessine une courbe dont les extrémités aboutissent à la Savoureuse. Les ouvrages des Hautes et Basses Perches, de Belle-Vue et des Barres sont achevés hâtivement.

19 Octobre

Le général Crouzat, qui commande à Belfort, est appelé sous les ordres du général Cambriels et le lieutenant-colonel Denfert, récemment promu, est nommé Gouverneur de la place.

31 Octobre

On apprend la capitulation de Metz. Il est certain à présent que le siège de Belfort ne peut plus être évité.

Denfert prend toutes les mesures propres à retarder l'investissement. Il fait occuper les routes. Sur son ordre on fait sauter le viaduc de Dannemarie.

1er Novembre

Une armée allemande, sous le commandement du général de Treskow, se dirige sur Belfort. Cette armée se compose de 11 bataillons d'infanterie, 4 batteries d'artillerie et 7 escadrons de cavalerie.

Elle engage un combat à Thann avec les francs-tireurs de M. Keller.

2 Novembre

— Un décret ordonne la mobilisation de tous les hommes valides de 20 à 40 ans, même mariés ou veufs avec enfants.

— Les troupes du général de Treskow sont arrêtées dans leur marche par les mobiles du Rhône, à Roppe. Les Prussiens sont obligés de reculer, mais les mobiles, inférieurs en nombre, privés d'artillerie de campagne, se retirent sous Belfort.

Dans la même journée, de petits engagements ont lieu entre les mobiles de la Hte-Saône et les prussiens, à Grosmagny, Giromagny, Chaux, etc. Nous avons plusieurs tués, parmi lesquels Nicolas Géhin, Freund, Perrot, Liblin et Paffen, tous de la garde nationale de Chaux.

3 Novembre

L'investissement de la ville est complet. Trois colonnes ennemies, l'une allant sur Bas-Evette, Chalonvillars, Essert en tournant le Sabert, une autre venant de Dannemarie, la troisième occupant le reste de la circonférence d'Eloie à Chèvremont, enveloppent Belfort.

Les allemands font quelques travaux de retranchements à Denney, Phaffans, Bessoncourt, Chèvremont et Vézelois. Ils barricadent la route de Roppe, mais les canons de la Miotte démolissent les batteries qu'ils ont installées en avant du village et les obligent à quitter ce point. De son côté le colonel Denfert fait occuper Perouse et Danjoutin, la colline du Mont, le hameau des Barres et celui des Forges.

Des mobiles de Saône-et-Loire, occupant la gare, poussent une reconnaissance le long de la ligne de Besançon, jusqu'à Banvillars.

4 Novembre

Les allemands essayent à nouveau d'installer des batteries d'artillerie près de Roppe. Ils doivent encore se retirer sous nos obus. Ils reculent de même derrière Chèvremont et Vézelois que balayent les canons des Perches.

Le quartier général allemand est installé à Sevenans, dans le château de M. Saglio.

Un parlementaire allemand se présente à 11 heures du matin, en avant de la Miotte. Il est porteur de la lettre suivante du général de Treskow :

Devant Belfort, le 4 Novembre 1870.

Très honoré et honorable commandant !

Je me fais un honneur de porter très respectueusement à votre connaissance la déclaration suivante :

Je n'ai pas l'intention de vous prier de me rendre la place de Belfort, mais je vous laisse le soin de juger s'il ne conviendrait pas d'éviter à la ville toutes les horreurs du siège, et si votre conscience et votre devoir ne vous permettraient pas de me livrer la forteresse dont vous avez le commandement.

Je n'ai autre intention en vous envoyant cet écrit très respectueux, que de préserver, autant que possible, la population du pays des horreurs de la guerre.

C'est pourquoi je me permets de vous prier de vouloir bien, dans la limite de vos pouvoirs, faire connaître aux habitants que celui qui s'approchera de la ligne d'investissement à portée de nos canons mettra sa vie en danger.

Les propriétaires de maisons situées entre la Place et notre ligne d'investissement doivent se hâter de mettre leur mobilier en lieu sûr, car d'un instant à l'autre, je puis être obligé de réduire les maisons en cendres.

Je saisis cette occasion pour vous assurer de mon estime toute particulière.

J'ai l'honneur d'être, etc.

Signé : DE TRESKOW I,
Général commandant royal Prussien des troupes concentrées devant Belfort.

Deux heures après, le parlementaire allemand est reconduit hors de l'enceinte, les yeux bandés. Il va remettre à son chef la réponse du colonel Denfert. La voici :

GÉNÉRAL,

J'ai lu avec toute l'attention qu'elle mérite la lettre que vous m'avez fait l'honneur de m'écrire avant de commencer les hostilités. En pesant dans ma conscience les raisons que vous me développez, je ne puis m'empêcher de trouver que la retraite de l'armée Prussienne est le seul moyen que conseillent à la fois l'honneur et l'humanité pour éviter à la population de Belfort les horreurs d'un siège.

Nous savons tous quelle sanction vous donnerez à vos menaces et nous nous attendons, général, à toutes les violences que vous jugerez nécessaires pour arriver à votre but ; mais nous connaissons aussi l'étendue de nos devoirs envers la France et envers la République et nous sommes décidés à les remplir.

Veuillez agréer, général, l'assurance de ma considération très distinguée.

Le Colonel commandant supérieur,
DENFERT.

Peu après le départ du parlementaire, M. le Colonel Denfert adressait la proclamation suivante à la population de Belfort :

L'ennemi a terminé hier l'investissement de la place de Belfort. Nous avons essayé de retarder cette opération autant que le permettaient les ressources dont nous disposions. Les combats qui se sont livrés ont démontré aux Prussiens que nous étions préparés à une vigoureuse résistance.

Nous ferons tous nos efforts pour tenir l'ennemi le plus éloigné possible de la place, et nous comptons à cet effet sur le patriotisme et le concours de la population. Mais quelque succès que nous puissions obtenir dans cette voie, nous ne devons pas nous dissimuler que la période que nous allons traverser exige de tout le mondre l'abnégation et l'esprit de sacrifice.

Dans l'accomplissement de ce devoir qu'impose à tous, plus que jamais, la situation malheureuse de la France, nous serons soutenus par la pensée qu'en faisant le siège de Belfort l'ennemi entreprend une opération plutôt politique que militaire et que la faute qu'il commet par cette diversion doit profiter à la délivrance de notre patrie et au salut de la République.

Belfort, le 4 Novembre 1870.

Le Colonel commandant supérieur,
DENFERT.

De son côté M. Mény, maire de Belfort, fait les recommandations suivantes à la population civile :

Le Maire de Belfort croit devoir prévenir les habitants que le moment est venu pour chacun de faire des provisions d'eau dans les maisons, pour combattre les incendies en cas de siège.

Il invite également toutes les personnes qui voudraient faire le service de surveillants pour prévenir les incendies, à se faire inscrire aux bureaux de la mairie.

Belfort, le 4 Novembre 1870.

Le Maire : MÉNY.

5 Novembre

— Les canons des Perches mettent le feu à Vézelois et obligent les officiers supérieurs allemands à se retirer en toute hâte sur Chèvremont.

— Un nouveau parlementaire se présente à 500 mètres de la porte du Vallon pour demander l'échange d'officiers prussiens faits prisonniers dans les Vosges et que le général de Treskow croyait, à tort, internés dans la place.

6 Novembre

Par ordre de M. le colonel Denfert, M. Mény, maire de Belfort, prévient ses administrés, qu'à partir de 5 heures du soir, toutes les communications seront interceptées entre les faubourgs et la ville, les ponts-levis devant être levés jusqu'à 7 heures du matin.

— Les canons du fort de la Justice et des Perches incendient Chèvremont.

7 Novembre

M. Jules Grosjean, préfet du Haut-Rhin, prend un arrêté désignant M. Juteau, banquier, conseiller municipal, comme adjoint spécial de la partie de la ville située hors de l'enceinte fortifiée. M. Juteau remplira les fonctions d'officier de l'état civil.

— Par arrêté spécial, la garde nationale mobilisée de Belfort est appelée à l'activité.

— Le Maire recommande aux habitants de faire des provisions de bouche pour une durée de trois mois.

10 Novembre

M. Mény, maire, adresse un deuxième appel à ses concitoyens :

Le Maire de Belfort engage de nouveau les citoyens qui voudront bien se dévouer au service des guetteurs en cas d'incendie à se faire inscrire dans les bureaux de la Mairie.

Il a l'honneur de porter à la connaissance de ses administrés que la Municipalité va faire établir, dans les différents quartiers de la ville, des abris blindés qui serviront aux guetteurs et, en même temps, de refuge aux habitants qui pourraient être surpris dans les rues pendant le bombardement. Dans la même pensée, le Maire croit devoir prévenir tous les propriétaires qu'ils devront laisser les portes de leurs maisons constamment ouvertes pendant le bombardement, afin que chacun puisse s'y réfugier au besoin et porter secours en cas de danger. Enfin, le Maire fait connaître que les caves de l'Hôtel-de-Ville, entièrement voûtées, viennent d'être disposées pour recevoir le plus grand nombre de personnes qui n'auront pas d'abri sûr dans leurs maisons. Il fera connaître ultérieurement les autres caves de la ville qui pourront avoir la même destination.

Belfort, le 10 Novembre 1870.

Le Maire, MÉNY

Une partie de la garnison fait une sortie sur Essert.

Un nouveau parlementaire arrive par la route de Perouse sous le prétexte d'apporter des lettres de soldats français prisonniers en Allemagne. Ces allées et venues trop fréquentes de parlementaires paraissent suspectes à Denfert. Aussi celui-ci demande-t-il par lettre au général de Treskow de ne plus lui envoyer de messager sans motif grave.

13 Novembre

Les francs-tireurs d'Altkirch tuent sept sentinelles prussiennes près de Sevenans et de Vézelois.

— Environ 50 gardes nationaux et douaniers poussent une reconnaissance du côté de Sermamagny. Ces hommes sont arrêtés un peu après Valdoie par une grêle de balles venant du côté de l'Arsot.

On commence à construire dans les rues des abris blindés.

14 Novembre

Environ 50 mobiles du Rhône, bataillon Duringe, poussent une reconnaissance à Roppe. Ils se retirent après avoir tué deux sentinelles allemandes.

— A ce jour la garnison de Belfort comprend les corps de troupes dont voici la liste avec les noms de leurs chefs respectifs :

Commandant supérieur. — Denfert-Rochereau, Colonel.

Commandant de place. — Jacquemet Pierre-Nicolas-Joseph, Colonel.

Intendance Militaire. — Spire Prosper. Sous-Intendant de 1re classe ; Ehrensperger Dominique-Ignace-Joseph, Officier d'administration de 2e classe.

Arsenal. — Bouquet Jean-Pierre-Marius, Chef d'escadron ; Lods Georges-Henri, Capitaine.

Génie. — Chapelain Pascal-Eugène, Chef de bataillon.

Hôpital Militaire. — Prud'homme Charles-Nicolas-Prosper, Médecin principal de 1re classe.

Garde Nationale sédentaire. — Pigalle Lucien-Alexis, Chef de bataillon ; Spetz Alexandre, Capitaine Adjudant-Major ; Vacheron Antoine, Porte-drapeau ; Bernard François-Aloïse, Médecin-Major ; Stiegler Jacques, Pernelle, Patris Jean-Charles, Herbelin François, Mercelat Jules-François, Romond François, Samuel Félix,

Boudréaux, Capitaines ; Petitjean Jean-Baptiste, Jusseaume Eugène, Lieutenants ; Moinot Joseph, Sous-lieutenant ; Portine Auguste, Lecture Antoine, Voirin Auguste, Bétry Richard, Lieutenants ; Delqué Sous-Lieutenant ; Schermé François, Lieutenant; Traut Conrad, Erhard Victor, Sous-Lieutenants ; Bordes Joseph, Capitaine ; Bailly Jean-Baptiste, Lieutenant ; Nay André, Sous-Lieutenant ; Gérig Charles, Aide-Major.

Garde Nationale sédentaire. — Batterie d'Artillerie. — Clerc Jean-Baptiste, Capitaine, Lapostolet Noël, Lieutenant en 1er ; Cleristen, Lieutenant en 2e.

Garde Nationale mobilisée. (Ville). — Stainacre Louis-François, Capitaine ; Mayer Jacques-Léon, Lieutenant ; Vauchoz Alfred-Joseph, Katterlet Joseph - Adolphe, Sous-Lieutenants.

Garde Nationale mobilisée. (Banlieue). — Bornèque Gustave, Capitaine ; De Strazewicz Edouard, Lieutenant ; Lesmann Philippe, Sous-lieutenant.

Pompiers de Ville. — Duquesnoy Ignace, Capitaine ; Vallet Joseph, Lieutenant ; Minot Antoine, Sous-lieutenant.

2e Régiment du Génie. — 1re Compagnie de mineurs. — Quinivet, Capitaine.

7e Régiment d'Artillerie. — 1re Batterie principale. — De Formel de la Laurencie, Capitaine.

12e Régiment d'Artillerie. — 1re Batterie principale. — Labori Frédéric-Charles, Capitaine.

12e Régiment d'Artillerie. — 2e Batterie principale. — Sailly Jules-Joseph-Charles, Capitaine.

1er Régiment d'Artillerie. — 2e Batterie bis. — Jourdanet Pierre-Benjamin, Capitaine.

35e Régiment d'Infanterie de marche. — Marty Paul-Emile-Guillaume, Lieutenant-Colonel.

45e Régiment d'Infanterie de ligne. — Gély César, Chef de Bataillon.

84e Régiment d'Infanterie de ligne. — Chapelot Charles-François, Chef de bataillon.

Garde Nationale mobile. — Compagnie du Génie. — Bornèque Eugène, Kœchlin Rodolphe, Capitaines ; Pagnard Joseph, Relin Auguste, Lieutenants.

Garde Mobile du Haut-Rhin. — Artillerie. — Rohr Jean-Daniel-Adolphe, Commandant ; Palangie Jean-Antoine-Adolphe, Capitaine ; Rohr Albert-Adolphe, Jeannerot Hector-Achille, Lieutenants ; Vallet François-Joseph, Capitaine ; Japy Charles-Henri-Octave, Gérard Alphonse-Marie, Lieutenants ; Deffayet Victor-Joseph, Capitaine ; Triponé Emile, Erhard François-Joseph, Lieutenants.

Gàrde Mobile de la Haute-Garonne. — Artillerie. — Fourchent-Montrond, Chef d'Escadron.

Francs-Tireurs d'Altkirch. — 6e et 8e Compagnies. — Gingembre, Capitaine.

Garde Mobile du Rhône. — 16e Régiment de marche. — Rochas Edouard-Honoré, Lieutenant-Colonel.

Garde Mobile du Rhône. — 65e Régiment de marche. — Des Garest, Lieutenant-Colonel.

Garde Mobile de Saône-et-Loire. — 57e Régiment de marche. — 2e Bataillon. — Artaud, Commandant.

57e Régiment de marche. — 1er Bataillon. — Petitguyot J.-B Henri, Commandant.

57e Régiment Provisoire Haute-Saône. — 2e Bataillon. — Lanoir Joseph-Delphin-Eugène, Commandant.

57e Régiment de Marche Haute-Saône. — 3e Bataillon. — Nachon, Commandant.

Garde Nationale mobile de la Haute-Saône. — 4e Bataillon. — De Chabaud Louis-Marie, Commandant.

57e Régiment de Marche, Mobile des Vosges. — 2e Bataillon, 1re Compagnie. — Tourneur Louis-Eugène, Capitaine.

58e Régiment de Marche, Mobile des Vosges. — 2e Bataillon, 1re Compagnie. — Thouvenel Paul-Louis-Joseph, Capitaine.

68e Régiment de Marche, dépôt du Haut-Rhin. — 4e Bataillon. — Ottmann François-Joseph, Capitaine.

Garde Nationale mobile du Haut-Rhin. — 1er Bataillon, 8e Compagnie. — Kœchlin Jean, Capitaine.

68e Régiment de Marche, dépôt du Haut-Rhin. — 5e Bataillon, 8e Compagnie. — Mayer Jean-Baptiste, Capitaine.

Gendarmerie du Haut-Rhin. — Burillon Eugène-Joseph, Chef d'Escadron.

Guides Douaniers de Mulhouse. — Rolland Louis-Joseph, Commandant.

Le lieutenant-colonel Rochas commande le Château ; le commandant Chapelot, le fort de la Justice ; le commandant Chabaud, les Barres ; le capitaine de Sailly, la Miotte ; le capitaine Thiers, Bellevue ; le capitaine Brunetot, les Basses-Perches ; le commanmandant Gély, les Hautes-Perches. Le lieutenant-colonel Des Garest est chargé de la défense de la Gare et le lieutenant-colonel Marty de celle des faubourgs.

L'effectif de la garnison s'élève à 17600 hommes de troupe se répartissant ainsi :

13000 gardes mobiles.

3000 soldats d'infanterie.

1040 gardes nationaux sédentaires ou mobilisés,

357 officiers,

250 douaniers et gendarmes.

La place possède 370 bouches à feu, dont 137 rayées. L'approvisionnement est d'environ 200.000 projectiles (1), et de 370.000 kilogrammes de poudre.

(1) Pour l'augmenter, le colonel Denfert chargea le capitaine Bornèque, du Génie de la Mobile, d'établir une fonderie qui, vers la fin du mois, put livrer une centaine de projectiles par jour. Mais la mauvaise qualité de la fonte fit que beaucoup de de ces obus furent inutilisables.

D'autre part nous avons pour 145 jours de viande fraîche ou salée ; pour 156 jours de farine et de biscuits ; pour 198 jours de légumes secs ; pour 287 jours de sel ; pour 322 jours de café ; pour 160 jours de sucre et pour 108 jours de vin et d'eau-de-vie.

15 Novembre

Environ 1.500 hommes de la garnison, sous le commandement du chef de bataillon Chapelot, font une sortie sur Bessoncourt pour déloger l'ennemi de la position qu'il occupe. Leur tentative n'obtient pas de succès. Nous avons 12 morts, parmi lesquels M. Lanoire, chef de bataillon de la mobile, et une vingtaine de blessés. Les pertes prussiennes sont très importantes.

16 Novembre

L'ennemi reçoit de grands renforts. Il établit provisoirement son parc d'artillerie à Lachapelle-sous-Rougemont.

17 Novembre

On aperçoit depuis le Château de nombreux soldats prussiens occupés à pratiquer des retranchements autour de Bessoncourt.

La nouvelle se répand en ville qu'une armée de 80.000 hommes, formée à Lyon, est en route pour se concentrer à Chagny. Elle doit dégager Belfort et rejeter l'ennemi en Alsace.

19 Novembre

Une escarmouche a lieu près d'Essert, entre les mobiles et les prussiens.

Les ennemis ne travaillant plus aux retranchements de Bessoncourt, les commandants des forts de la Justice et de la Miotte font faire une reconnaissance sur ce village. Elle permet de constater la présence de nombreux prussiens dans les bois de Bessoncourt, à Phaffans, à Denney, etc.

20 Novembre

Le Colonel Denfert décide la création de quatre compagnies d'éclaireurs volontaires.

21 Novembre

A Delle les prussiens pillent les magasins pourvus de lainages et de chaussures.

— A Bermont, ils pendent l'instituteur.

— Le curé de Delle, vieillard octogénaire, et celui de Fesche-l'Eglise sont garrottés et exposés à une pluie battante.

L'ennemi continue à recevoir des renforts. Il y a actuellement autour de Belfort cinq compagnies d'artillerie de forteresse, dix-huit bataillons, huit escadrons et cinq batteries, soit en tout 21.000 hommes. Le général de Treskow commande en chef, le lieutenant-colonel de Schelila dirige l'artillerie de siège, le général de Mertens commande le génie.

22 Novembre

Les Allemands établissent des pièces de gros calibres, près de Roppe, en face du chemin qui conduit à Menoncourt, et à Valdoie, en arrière de l'usine Page.

Ils sont gênés dans leurs travaux par les canons des Barres, du Château et de la Miotte.

— Un combat, dans lequel les Allemands, surpris, ont beaucoup souffert, a lieu derrière le Salbert.

23 Novembre

Des mobiles du Rhône et des soldats du 84e, campés dans les bois de la Forge, pénètrent dans le village d'Offemont et sont reçus par un feu nourri des Allemands qui occupent le village.

Quatre des nôtres sont blessés. Les Prussiens se retirent d'Offemont et mettent le feu à deux maisons.

— Dans l'après-midi, vers 4 heures, les Français, campés au Mont et au Salbert, sont surpris par un corps ennemi, qui les déloge et vient occuper ensuite la partie ouest du Mont et le village de Cravanche.

24 Novembre

Depuis la veille la canonnade est furieuse. Tous nos forts donnent avec ensemble.

A 4 heures du matin la garnison déloge les prussiens de toutes leurs positions, entre Essert et Cravanche. A dix heures nous sommes de nouveau maîtres du Mont et de ses alentours. Malheureusement il nous est impossible de nous y maintenir.

A la même heure une batterie allemande, placée à la ferme Lang, en avant de Sermamagny, envoie quelques projectiles, mais elle est vite réduite au silence par les canons de l'Espérance, de la Miotte et du Château.

A trois heures une forte reconnaissance, appuyée par les canons des Basses-Perches, se dirige sur Sevenans. Elle met en fuite une colonne de uhlans.

25 Novembre

Quelques escarmouches, au delà de Balliers et d'Essert, mettent aux prises les russiens et les francs-tireurs.

— Le colonel Denfert prévient les habitants ue le bombardement de la ville peut commencer d'un instant à l'autre. Il leur emande de prendre toutes les précautions écessaires.

Il prescrit de faire les enterrements à la ombée de la nuit et sans cortège, de dissiuler les lumières dans les appartements, e supprimer l'éclairage dans les rues et de e point circuler avec des flambeaux.

26 Novembre

Le colonel Denfert autorise les négociants, aiteurs, etc., à refuser aux militaires de ous grades, la vente des denrées alimenires et à refuser de leur donner pension.

— Le gouverneur, pour mettre la garnison n garde contre les procédés déloyaux de ennemi, fait paraître l'ordre suivant :

Ordre

Les troupes sont prévenues que l'ennemi emploie outes les ruses possibles pour dérouter nos soldats. Ainsi, au combat du Mont, le 23 Novembre, les 'russienss ont fait sonner par leurs clairons la retraite de nos troupes. La même ruse paraît avoir été employée, mais sur une échelle moins étendue, le 15, au combat de Bessoncourt.

Des Prussiens, vêtus de capotes analogues à celles de nos artilleurs, ont répondu *France* au *Qui Vive* de nos sentinelles et ont ensuite fusillé nos troupes presque à bout portant.

Une autre fois ils se sont présentés vêtus de capotes provenant de campements abandonnés et de pantalons rouges.

Enfin, on les a également entendus dire, au Mont, lorsqu'ils s'approchaient pour l'attaquer : « Ne tirez pas, ce sont des mobiles ! »

Il importe donc que les commandants de détachement soient exactement informés des positions des troupes qui opèrent, soit en avant d'eux, soit sur leurs flancs, de manière à ce qu'ils sachent exactement, lorsqu'ils voient s'avancer une colonne sur un autre point, qu'elle ne peut être qu'ennemie.

DENFERT.

27 Novembre

La canonnade continue mais on ne signale aucun mouvement de l'ennemi.

28 Novembre

Les allemands essayent à nouveau, mais vainement, de s'installer à Valdoie.

Vers trois heures, deux colonnes formées de mobiles, de soldats du 45ᵉ et de francs-tireurs, tentent de détruire les travaux commencés par l'ennemi près du moulin de

Botans, et de s'emparer du village de Sevenans. Mais nos soldats doivent se retirer devant un ennemi de beaucoup supérieur en nombre. L'armée d'investissement occupe Bavilliers.

Les prussiens tentent une attaque sur Bellevue. A ce propos, citons le fait suivant :

« Un habitant de Bavilliers, contraint par les prussiens de les conduire sur Belfort en ayant soin d'éviter nos postes avancés, fait juste le contraire, les mène droit sur nos grand'gardes et, au moment où notre sentinelle crie : « qui vive », il se sauve de notre côté et laisse les prussiens en vue des nôtres, qui leur tirent dessus à bout portant. »

29 Novembre

M. le Maire invite à son tour les habitants, en cas d'attaque nocturne, à s'abstenir, dans l'intérêt de la défense, d'allumer dans l'intérieur de leurs maisons, des feux qui pourraient servir de point de mire à l'artillerie ennemie.

Toute la journée les canons du Château, des Barres et de Bellevue tirent sur Bavilliers, pour empêcher les Allemands d'y installer une batterie de siège.

De la Miotte, on envoie aussi quelques obus à Valdoie, où les Prussiens cherchent toujours à s'établir.

Un petit engagement a lieu près de Perouse. Les prussiens se retirent sans offrir de résistance.

30 Novembre

M. le Maire publie un arrêté organisant le service de surveillance destiné à diminuer les dégâts des incendies provoqués par le bombardement et à porter secours aux blessés.

Voici les noms de ces surveillants :

MM. Beck Antoine ; Bontemps Henry ; Clerc Eugène ; Démeusy François ; Dupont Joseph ; Favret ; Fournier François ; Genty Charles ; George Emile ; Grobas Pierre ; Justèr Auguste ; Lehmann Salomon ; Martzloff, maître d'hôtel ; Moinot ; Monchot Félix ; Robert ; Spitzmuller ; Stehelin Léon ; Vaurs Antoine ; Vernier Gustave ; Valanzaska.

— Le colonel Denfert adresse la lettre

suivante au rédacteur du *Journal de Belfort* :

Belfort, le 30 Novembre 1870.

Monsieur le Rédacteur,

Deux articles de votre journal, inspirés par un esprit contraire à la défense de la Place et aux intérêts du pays, ont motivé de la part des officiers de la garde nationale sédentaire et de la garde mobilisée une protestation que je vous invite à insérer dans votre prochain numéro, en la faisant précéder de la présente lettre, qui témoigne de ma complète adhésion aux sentiments exprimés par cette protestation.

Veuillez agréer, monsieur le Rédacteur, l'assurance de ma parfaite considération.

Le Colonel Commandant supérieur,
DENFERT.

A cette lettre est jointe la protestation suivante :

Protestation adressée à M le Commandant supérieur par les gardes nationaux sédentaires de Belfort

Monsieur le Gouverneur,

La population de Belfort vient protester contre deux articles insérés dans le dernier numéro du journal hebdomadaire de cette ville.

Le rédacteur de cette feuille, sans oser nous dire ouvertement que notre cité devrait capituler pour ne pas subir le bombardement dont elle est menacée, insinue cependant que son rôle militaire est nul et sa résistance inutile ; il raille le patriotisme de ses concitoyens qui sont résignés à tout souffrir pour conserver à notre France un pied en Alsace.

Nous désirons comme lui une paix *prochaine et honorable* ; mais nous ne l'attendons point de la chute de notre capitale que nous devons, au contraire, nous préparer à venger, si nous ne pouvons la sauver, avec nos armées du Nord, de l'Ouest et du Midi. La France ne peut pas périr.

Tels sont les véritables sentiments de la population Belfortaine, qui pense comme vous, Monsieur le Gouverneur, et notre brave garnison, que nous devons défendre Belfort jusqu'à la dernière extrémité et déjouer par notre invincible résistance et notre attachement à la République les calculs politiques de la Prusse qui voudrait se faire un titre de l'occupation entière de l'Alsace pour conserver notre belle province.

Ce sera notre éternel honneur à tous.

Nous vous prions, Monsieur le Gouverneur, d'agréer, etc.

Mény, maire ; Patriz, capitaine ; Bernard, docteur ; Stiegler, capitaine ; Spetz, capitaine ; Romond, capitaine ; Monchot Eugène, adjudant ; Samuel, capitaine ; Nay, lieutenant ; Voirin, capitaine ; Petitjean, lieutenant ; Lecture, lieutenant ; Genty, sergent ; Merle, sergent ; Denizot, fourrier ; Beck, sergent-major ; Monchot Félix, fourrier ; Abel Cusin, sergent-major ; Thiault, sergent-major ; Vaurs Antoine, fourrier ; Vacheron, porte-drapeau ; Lang François, propriétaire ; Lehmann, fourrier ; Moinot,serg.-major; Deubel,sergent; Didier,fourrier; Perrin-Grosborne ; Melchior ; Bermont François; sergent ; Pigalle, commandant ; Thiébault, sergent ; Follot, sergent ; Baccarat ; Albert Schwob ; Vernier Gustave, sergent ; Péquignot, notaire ; Mercelat, capitaine ; Saglio, sergent ; Lévy Adolphe ; Monnier, huissier ; Steger, artilleur ; Lévy Salomon, libraire ; Bailly, sous-lieutenant ; Marchand, serrurier ; Grille dit le Parisien, propriétaire ; Thierry, propriétaire ; Lehmann, avoué ; Juster Auguste, propriétaire ; Cénay Charles ; Ehret, artilleur ; Trojelli ; Dupont, négociant ; Spitzmuller, journaliste ; Zeller Philippe, artilleur ; Schultz Edouard ; Jamais François ; Damotte ; Correy ; Tournier ; Sibre, conseiller municipal ; Bitschné ; Ollivier ; Pheulpin, négociant ; Bouillard ; Lépine, receveur municipal ; Maire ; Hoche ; Sibre Jacques ; Picard Jeune ; A. Giraud ; Visconti ; Grosborne, négociant ; Touvet, négociant ; Maré ; Comte ; Iselin ; Gschwind ; Chauvey ; Hantz ; Delune, percepteur ; Seydel, pharmacien ; Juster Louis, capitaine de francs-tireurs ; Grosbas, receveur d'enregistrement ; Georges Emile, substitut ; Felmann, percepteur ; Rérot ; Maillard Jeune, négociant ; Thévenot ; Goffinet Alexandre, négociant ; Beloux Abel, négociant ; Maigret, sculpteur ; Gaudemet, notaire ; Netzer ; Fallourd ; Hyvernat ; Hymelspach ; Stainacre, capitaine ; Mayer Léon, lieutenant ; Vauchot, sous-lieutenant ; Katterlet J., sous-lieutenant ; Vérain Charles, sergent.

1er Décembre

Le froid devient vif, la température est descendue aujourd'hui à 6° et 8° au-dessous de zéro.

On signale de nombreux cas de petite vérole et de fièvre typhoïde.

2 Décembre

Un mouvement de troupes se dessine au

Nord de la Place. Le général de Treskow passe à Sermamagny à la tête d'une forte colonne.

A cette date l'armée d'investissement, à laquelle, dans l'intervalle, s'étaient ajoutés de nouveaux renforts, dispose de 45 bouches à feu.

3 Décembre

— A partir de 2 heures du matin, les canons français tonnent sans relâche. L'ennemi a profité de la nuit pour installer sept batteries à Essert, et, à 7 heures du matin, les premiers obus arrivent au faubourg de France et au pied du Château. C'est le bombardement qui commence.

Les rues sont bientôt désertes. Les habitants font leurs dernières provisions avant de descendre dans les caves transformées en appartements plus que sommaires.

Les états-majors et tous les bureaux militaires s'installent dans les casemates.

Jusqu'à 10 heures du matin, environ 1000 soldats prussiens ont travaillé aux retranchements d'Essert.

— Toute la journée les canons ont fait entendre leur voix terrible. Après une interruption, les feux de l'ennemi ont repris vers 10 heures du soir avec plus d'intensité.

Les dégâts sont peu considérables.

Le quartier général allemand est transporté à Fontaine.

— M. le préfet Grosjean adresse à la population de Belfort, la proclamation suivante :

Aux Habitants de Belfort

Citoyens,

L'heure du péril est venue et avec elle l'heure du dévouement. Je connais trop votre patriotisme pour avoir besoin de lui faire un suprême appel.

La population civile et la population militaire, unies par les liens d'une entière et légitime confiance, seront dignes l'une de l'autre dans la lutte commune qu'elles sont appelées à soutenir.

L'histoire dira un jour que les lâchetés et les trahisons de Sedan et de Metz ont été rachetées par le courage de Belfort ; elle dira qu'il ne s'y est rencontré ni un soldat, ni un habitant pour trouver, au jour du danger, les sacrifices trop grands ou la résistance trop longue ; elle dira enfin que tous, sans hésitation et sans défaillance, nous avons serré nos rangs au pied de notre château : C'est pour nous, aujourd'hui, plus qu'une forteresse, c'est la France et l'Alsace ! C'est deux fois la Patrie !

Citoyens, que chacun de nous remplisse son devoir à ce cri, qui était autrefois un gage de la victoire et qui la ramènera sous nos drapeaux :

Vive la République !

Belfort, le 3 Décembre 1870.

Le Préfet du Haut-Rhin,
J. Grosjean.

4 Décembre

— Le bombardement continue avec acharnement. Jusqu'à présent l'artillerie allemande tirait avec des canons de campagne de 6 et de 12. L'ennemi nous envoie aujourd'hui des obus de 24 rayé, modèle français. Le tir ennemi est uniquement dirigé sur les bâtiments et ouvrages militaires. Néanmoins plusieurs maisons privées sont atteintes.

Les pertes, de notre côté, sont beaucoup plus sérieuses que la veille.

Un obus, entré dans l'étude de M. le Maire — M. Mény était notaire — par une fenêtre du rez-de-chaussée, bouleverse toute la pièce sans blesser personne.

Un autre obus entre par la cheminée du bureau du génie, près la Porte de France, où se trouvent trois officiers. Ceux-ci sont renversés, mais aucun d'eux n'est blessé.

5 Décembre

Toute la nuit, les canons n'ont cessé de tonner. Entre 4 et 6 heures du matin, les projectiles prussiens arrivent toutes les 18 ou 20 secondes.

— Depuis le 3, il est déjà tombé sur la ville environ 4.000 obus.

De notre côté, les canons des forts causent de nombreux vides parmi les artilleurs prussiens.

6 Décembre

— Les prussiens ne se contentent plus de tirer sur les bâtiments militaires. Plusieurs maisons du faubourg sont atteintes et, en ville, des maisons particulières reçoivent des obus à balles. Les prussiens tirent également sur l'hôpital militaire que surmonte, cependant, le drapeau de l'internationale. On transporte de nombreux malades à la caserne de l'Espérance, transformée en ambulance. Trois obus éclatent dans la prison.

Les canons du château font beaucoup de mal aux prussiens retranchés à Essert.

— Malgré la pluie d'obus qui tombe sur la ville, mettant le feu à de nombreux bâtiments,les citoyens de Belfort se multiplient. M. Mény, maire, est toujours au premier rang des sauveteurs. M. Stehelin, avocat, préposé au service des guetteurs, dirige les secours avec un zèle qui ne se dément pas.

— Le soir, les allemands tentent de prendre la ferme de Froideval occupée par une compagnie détachée de la petite garnison de

Danjoutin. Ils sont obligés de battre en retraite laissant quelques uns des leurs sur le terrain.

7 Décembre

Le tir de l'ennemi s'est considérablement ralenti. C'est l'Eglise qui a, aujourd'hui, le plus souffert.

Les personnes qui n'ont pas de caves sont logées dans celles de l'hôtel-de-ville et dans les souterrains de l'Eglise.

Vers 8 heures du soir, les canons allemands se remettent à tirer à coups plus précipités.

— Le colonel Denfert fait publier l'ordre de place suivant :

Le colonel commandant supérieur apprend à l'instant que des hommes ont voulu dévisser eux-mêmes un projectile ennemi tombé dans le château et qui n'avait pas éclaté. Ils s'y sont pris maladroitement et ont fait éclater le projectile : il y a eu un tué et deux blessés.

Le commandant supérieur ne saurait trop recommander aux hommes de s'abstenir de toucher les projectiles qui n'ont pas éclaté. Il faut laisser à l'artillerie, seule, qui sait prendre les précautions nécessaires, le soin d'enlever les projectiles et de les décharger ensuite pour que nous n'ayons pas de nouveaux accidents à déplorer.

Belfort, le 7 décembre 1870.

Signé : DENFERT.

8 Décembre

La nuit dernière, le feu a repris avec rage. A 8 heures du matin, on compte un obus par seconde.

Dans une maison particulière, huit obus tombent presque coup sur coup.

A 11 heures, le feu devient si violent qu'on ne peut plus sortir. De nombreuses personnes sont tuées ou blessées en vaquant à des occupations indispensables.

A 11 heures 1/2, le feu diminue pour redoubler une heure plus tard. Vers 2 heures, il devient si formidable qu'on croit la ville anéantie.

Enfin le tir des prussiens se calme un peu vers 5 heures.

De notre côté, il a été très soutenu toute la journée.

Les propriétés particulières ont éprouvé aujourd'hui, de graves dégâts. Un éclat d'obus tombe dans la salle des délibérations du Conseil de Guerre, pendant une séance, sans blesser personne.

— Les allemands tentent une attaque contre Andelnans, mais ils sont repoussés.

9 Décembre

La neige tombe à gros flocons.

Le bombardement a duré toute la nuit.

Les forts des Barres et de Bellevue sont couverts de projectiles.

Des malades sont tués dans leurs lits à l'ambulance de l'Hôtel de Ville.

— Les mobiles du Rhône ont eu un engagement avec l'ennemi. Il y a eu plusieurs blessés.

D'autres engagements ont lieu à Danjoutin et en avant de Bavilliers, où nos hommes font plusieurs prisonniers, parmi lesquels deux officiers allemands. On se bat également dans le bois de l'Arsot.

— Les prussiens essayent de s'emparer du fort de Bellevue par surprise. Ils sont obligés de battre en retraite, laissant sur le carreau une dizaine de morts et de blessés.

10 Décembre

La nuit a été relativement calme.

Une couche de 28 à 30 centimètres de neige recouvre le sol, gênant les travaux d'approche des prussiens.

Dans l'après-midi, une compagnie d'éclaireurs a dirigé une attaque sur l'Arsot.

Appuyés peu après par les mobiles du Rhône, nos hommes engagent avec les prussiens une fusillade nourrie qui ne se termine qu'au soir.

Les troupes gardent leurs positions respectives.

11 Décembre

Pendant toute la journée les projectiles n'ont cessé de tomber sur la ville et les faubourgs.

— A 10 heures du matin, quatre compagnies du 16e du Rhône, appuyées par une compagnie du 84e, s'élancent à travers le bois de l'Arsot jusque sur la crête de la forêt.

Le mouvement est si rapide que les allemands, surpris, quittent précipitamment leur position, abandonnent une partie de leur matériel de campement, et se retirent sur Valdoie.

12 Décembre

Les canons ennemis ont tonné toute la nuit et toute la matinée. L'église et les maisons situées sur la place ont été fortement endommagées.

— On cite parmi ceux des pompiers qui

se dévouent à l'extinction des incendies : MM. Duquesnoy, capitaine ; Huntzbuchler, adjudant ; Meple et Ballet, caporaux ; Michel, Oriez et Chamet, sapeurs ; Vallet, ancien sergent de pompiers.

M. Grosjean, préfet du Ht-Rhin, adresse au maire la lettre suivante :

Belfort, le 12 Décembre 1870.

Monsieur le Maire,

Depuis le commencement du bombardement, les pompiers de Belfort n'ont pas cessé de faire en ville et aux faubourgs leur service pénible et dangereux avec un courage que je constate chaque jour et que je me ferai un devoir de signaler au Gouvernement, à la première occasion. Pendant que ces hommes se donnent tout entier à la sauvegarde de la cité et concourent directement de la sorte à la défense de la place, il est équitable que l'Etat vienne en aide eux familles des pompiers les moins favorisés par la fortune.

Je suis certain d'entrer dans les vues du gouvernement en vous offrant, sur les fonds de l'Etat, un crédit de 500 francs, que vous répartirez entre les familles des pompiers qui ont le plus besoin d'aide et de secours.

Vous êtes bon juge, Monsieur le Maire, en fait de courage ; vous nous en fournissez tous les jours la preuve, et dans la répartition que vous ferez, vous saurez apprécier exactement les mérites et les situations.

Veuillez agréer, etc.

Le Préfet du Haut-Rhin,
GROSJEAN.

— Le brouillard est intense, la pluie tombe. Un commencement de dégel se produit.

— Une sortie de la garnison a chassé les prussiens de la tuilerie de Bavilliers. Les fossés creusés par l'ennemi ont été comblés.

— Les allemands fêtent l'attribution au roi Guillaume du titre d'empereur d'Allemagne.

13 Décembre

Matinée calme. Mais vers midi, le feu reprend avec fureur. Il est si violent que plusieurs familles ne se trouvent même plus en sûreté dans leurs caves.

Dans la maison Touvet, une domestique est mortellement atteinte.

— Nos troupes soutiennent une violente attaque à Danjoutin.

Pendant que les soldats de la garnison enlevaient le bois de Bavilliers et repoussaient un corps ennemi, une colonne allemande attaquait les retranchements de Danjoutin et essayait de prendre nos troupes à revers. Après un combat très meurtrier, les prussiens sont obligés de se retirer. Par trois fois, favorisés par le brouillard, ils reviennent à la charge ; chaque fois ils sont repoussés. Notre tir fait de grands ravages dans les rangs ennemis.

14 Décembre

L'attaque tentée la veille par l'ennemi est renouvelée aujourd'hui, mais avec plus de succès. Les allemands reprennent leurs positions dans le bois de Bavilliers. Ils occupent la ferme de Froideval.

— La canonnade a été très vive des deux côtés, sauf entre 5 et 7 heures du soir.

— Le dégel a continué sous une pluie battante, pendant toute la journée.

15 Décembre

La nuit dernière, sur l'ordre de M. le colonel Denfert, la garnison a fait l'expérience d'une prise d'armes générale.

— La journée a été très mouvementée. Les forts des Barres, de Bellevue, le Château, la position de Danjoutin ont reçu au moins 5.000 projectiles. Quelques bombes sont arrivées aux Barres. De notre côté 3.500 à 4.000 coups de canons ont été tirés.

— Un soldat du 45e a été décapité par un obus, devant la maison de M. Ch. Lebleu, avocat.

— 11 soldats du même régiment sont blessés ou tués pendant leur sommeil.

16 Décembre

Depuis le point du jour jusqu'au soir, sauf à 5 et à 8 heures, le bombardement n'a pas discontinué.

Des obus ont mis le feu aux maisons de MM. Jacquemin et Juster. Il a été impossible d'organiser les secours, une véritable pluie d'obus n'ayant pas cessé de tomber en cet endroit.

— Un jeune homme de 18 ans a été tué net et une femme grièvement blessée en voulant se rendre des caves de l'Hôtel-de-Ville au Pavillon.

— Trois soldats du 45e sont tués, sept sont blessés pendant leur sommeil par un obus tombé au milieu d'eux, près du jardin de M. Keller.

17 Décembre

Journée plus calme. La canonnade n'a été très vive que de 1 heure à 3 heures de l'après-midi. Le Château est toujours le principal objectif du tir des assiégeants.

— Un comité s'est formé à Porrentruy pour venir en aide à la population non combattante de Belfort et faire sortir de la ville les femmes, les enfants et les vieillards.

Prévenue, la municipalité dresse la liste des personnes désireuses de quitter Belfort. Beaucoup de vieillards, de femmes et d'enfants se font inscrire.

Les délégués suisses s'installent à Foussemagne, dans la maison de M. Feltin. Mais peu après,le général de Treskow les engage à retourner en Suisse et refuse de donner suite à leur généreux projet.

— A Danjoutin, trois maisons sont incendiées.

18 Décembre

M. Mayer Théodore, sapeur-pompier, est gravement blessé par un éclat d'obus pendant qu'il concourt à éteindre l'incendie allumé par le tir ennemi, à l'hôpital militaire.

— Depuis 15 jours que dure le bombardement, jamais les maisons particulières n'avaient autant souffert. Le Coinot, le faubourg de France, le Fourneau, la Ville ont reçu des milliers d'obus.

Pendant l'office, à l'Eglise, de nombreux projectiles viennent éclater contre les murs. Un mobile est frappé, devant le portail, par un éclat d'obus.

— A l'hôpital militaire — car les prussiens ne l'épargnent plus — un médecin, M. Bley, est contusionné, un infirmier est tué pendant qu'il panse un blessé ; une religieuse est gravement atteinte.

M. le colonel Denfert fait évacuer l'hospice et remplacer nos malades par ceux de l'armée prussienne, faits prisonniers.

19 Décembre

Le bombardement se poursuit sans trève. Les *Schrapnells* — obus pesant environ 40 kilos, qui contiennent de 200 à 220 balles — criblent littéralement les Barres et Bellevue.

— Dans la matinée un jeune homme, qui s'était aventuré dans la rue, est tué d'un éclat d'obus.

Sur la demande de M. Grosjean, préfet, le pain que les soldats ne mangent pas est remis entre les mains de l'administration civile qui le fait distribuer aux pauvres.

— Les officiers du 4e bataillon de la Haute-Saône font remettre à M. le Préfet une somme de 60 francs pour les indigents.

20 Décembre

Vers 9 heures le canon tonne furieusement. Les bâtiments de la place d'Armes souffrent beaucoup du bombardement, notamment les maisons Nizole, Antonin, Mény. L'horloge de l'Eglise est brisée.

Dans le haut de la ville, la préfecture, les maisons Dumas, Lebleu, Sibre-Monchot, reçoivent aussi un grand nombre de projectiles.

— Les prussiens cherchent à s'établir à Andelnans, mais les canons des Perches gênent leurs travaux.

Dans la soirée un combat a lieu entre Bavilliers et Essert.

21 Décembre

Rien de nouveau. Le bombardement continue, mais moins violent.

— Une sortie a lieu dans la soirée. Le 4e bataillon de la Hte-Saône et une partie de la garnison du fort des Barres y prennent part. Cette sortie, dirigée par M. le commandant Chabaud, avait pour but de faire une démonstration devant Essert et attirer les prussiens dans la plaine.

Cette tentative obtient un plein succès, Les prussiens, se croyant attaqués, sortent de leurs retranchements et quand ils sont à découvert, les canons de Bellevue et des

Barres se mettent de la partie et en tuent un grand nombre.

22 Décembre

Journée calme. Les assiégeants sont occupés à modifier la position de leurs batteries.

— Deux veilleurs de nuit sont blessés devant l'Hôtel du Tonneau d'Or par un obus.

— Par arrêté préfectoral, il est procédé à une émission de bons de siège qui sont substitués aux billets de banque. Mais la somme que représentaient ces bons fut insuffisante et, plus tard, les autorités civiles et militaires durent se mettre d'accord pour vendre du tabac et faire des emprunts à des taux très élevés.

23 Décembre

Vers 9 heures du matin, la canonnade reprend avec vigueur et ne discontinue pas jusqu'à 4 heures.

— Les pièces du Château répondent victorieusement au feu ennemi. Un artilleur qui, en trois coups, a mis à mal trois canons allemands, est mis à l'ordre du jour.

— Un sentinelle est tuée à la porte de Brisach.

24 Décembre

Un obus, entré dans la maison Marie, a blessé grièvement la bonne de M. Munschina, procureur de la République, et une autre personne, occupées à faire la cuisine.

— Les canons du fort de la Justice obligent les allemands à se retirer en toute hâte de Phaffans.

25 Décembre

Triste Noël ! La température est à 16 degrés au-dessous de zéro.

Vers minuit un obus, tombant sur une maison du Fourneau, fracasse les jambes d'un nommé Pierre Millet et de sa femme, qui dormaient dans leur lit.

—Les mobiles du 4e bataillon de la Haute-Saône font entre eux une collecte dont le produit, 560 fr., est remis au Préfet pour être distribué aux pauvres.

— Deux ballons, emportant des lettres, sont lancés. On a appris plus tard que l'un était tombé en Suisse, à Saignelégier et que l'autre avait été capturé par les allemands.

26 Décembre

Les obus viennent maintenant d'Andelnans et de Vézelois, où les prussiens ont installé leurs nouvelles batteries.

Le feu de l'ennemi est surtout dirigé contre les Perches, dont les allemands tiennent à s'emparer.

— Plusieurs maisons de Danjoutin sont détruites par le feu.

27 Décembre

Le bombardement des Perches continue avec une extrême violence. Le Château et la Justice les soutiennent de leurs canons. Un obus, tiré de la Justice, tombe dans un approvisionnement de projectiles allemands et le fait sauter.

— L'accès du cimetière étant devenu très dangereux, les inhumations se font dans le pré Gaspard, au pied du fort de la Justice (1). Chaque soir un petit chariot y amène les victimes de la journée. Le plus souvent les corps ne sont même pas renfermés dans des cercueils. Toutes les cérémonies religieuses ont, naturellement, été supprimées.

---

(1) Depuis, les corps ont été rassemblés dans plusieurs grandes fosses et un monument a été élevé à la mémoire des morts de 1870. Ce cimetière est l'objet, chaque année, d'un pieux pèlerinage organisé par la municipalité de Belfort.

28 Décembre

Pour la première fois la Justice et la Miotte sont atteintes par les obus prussiens, lancés par les canons d'une nouvelle batterie allemande installée près de Bavilliers.

Les projectiles tombent en plus grand nombre sur la ville.

— Le général de Treskow transporte son quartier général à Bourogne.

29 Décembre

Un maréchal des logis d'artillerie, nommé Papavoine, le même dont nous parlions l'autre jour pour la précision de son pointage, a le bras fracassé par un éclat d'obus.

M. Zenner est tué en allant au Coinot voir un de ses amis.

— La population n'est pas trop privée au point de vue des vivres. Seules quelques denrées deviennent assez chères. Le vin ordinaire se paye 2 à 3 francs le litre, la livre de beurre de 3 à 4 francs, les œufs de 2 à 3 francs la douzaine.

Les provisions des familles pauvres s'épuisent néanmoins, aussi le Maire prend-il l'arrêté suivant :

Le Maire de la Ville de Belfort, Chevalier de la

Légion d'honneur, a l'honneur d'informer les habitants que, sur l'avis de la commission des subsistances, il a mis à la disposition des boulangers la provision de farine de la ville au prix réduit de 53 fr. les 100 kilos, mais à condition de vendre le pain 1 fr. 40 le pain de 3 kilos.

Les farines étant de première marque, puisqu'elles proviennent des maisons Page, du Valdoie et Courvoisier, d'Héricourt, le pain devra être de première qualité.

Il a mis aussi la disposition des bouchers le troupeau de bétail acheté par la ville. La viande de bœuf devra être vendue, suivant les habitudes ordinaires, au prix de 0 fr. 70 le demi-kilo.

Le Maire, MÉNY.

30 Décembre

Le canon prussien a recommencé ce matin à tonner sur la ville.

De Bellevue nos artilleurs tirent avec entrain sur les batteries allemandes installées à Bavilliers.

— A cette date les Allemands, dont l'effectif a été porté à 36.000 hommes grâce à de nouveaux renforts, disposent de 90 pièces.

31 Décembre

Les Basses Perches ont été très éprouvées aujourd'hui.

Les pertes, dans la garnison, sont de 22 hommes pour la journée.

Jusqu'à ce jour la place a reçu plus de 100.000 projectiles.

1er Janvier 1871

Les prussiens célèbrent le jour de l'an par plus de modération dans le bombardement.

2 Janvier

La lutte est toujours très vive entre Bellevue et les batteries allemandes de Bavilliers.

— Un obus prussien, enfilant un passage couvert, au Château, a éclaté dans une poudrière. Les dégâts sont peu importants.

Un autre obus blesse six personnes, dont une femme et un enfant en bas âge.

3 Janvier

Rien de nouveau. Le thermomètre marque 17 degrés au-dessous de zéro.

— La femme Gaspard, demeurant près la porte du Vallon, a le bras droit fracassé dans son lit.

— Les maisons Poulain, Gesser et Portine ont reçu des obus qui n'ont blessé personne.

4 Janvier

— Le bombardement a repris avec plus d'intensité. L'Eglise, les maisons Touvet et Weitmann sont atteintes.

5 Janvier

Les canons prussiens ont furieusement tonné cette nuit. Au Fourneau plusieurs bâtiments ont reçu des projectiles, notamment les maisons Viney Jean-Claude et Bumsel.

Un commencement d'incendie se déclare dans la maison Viney. Il est rapidement éteint, grâce aux secours organisés par le sergent de pompiers Dehaye.

Le feu est très vif sur Bellevue.

6 Janvier

Les obus à balles (schrapnells) tombent en abondance au Château, mais ils ne causent que très peu de dégâts.

On signale de grands mouvements de troupes du côté de Bavilliers.

— M. Gérard, lieutenant dans l'artillerie mobile, résigne son grade pour s'engager comme simple artilleur dans l'armée active.

Huit jours après il est fait maréchal des logis et il est nommé lieutenant vers la fin du mois.

— Un cantinier prussien vient offrir de l'eau-de-vie à une de nos sentinelles avancées, qui le saisit et le fait prisonnier.

7 Janvier

La ville subit des dégâts très importants. Les allemands ont encore rapproché leurs batteries et leur tir devient plus précis et plus dangereux. Les maisons Jeune, Spetz, Touvet, Coré, Baccarat, Goffinet sont atteintes.

De nombreuses personnes sont tuées ou blessées.

— A Perouse un officier du 57e est tué net, et deux autres sont blessés. Une femme et un enfant sont également tués. Les blessés sont nombreux. Plusieurs maisons sont la proie des flammes.

Au Fourneau trois hommes sont tués et six blessés. La maison des frères Beuglot est brûlée par un incendie.

Le faubourg et la gare de Belfort ne sont pas épargnés. Mme Nicolas Stiegler a la jambe brisée par un éclat d'obus ; plusieurs soldats sont atteints.

Enfin un obus venant de Vézelois a pénétré dans l'un des corridors du Château où il a tué ou blessé plusieurs hommes.

8 Janvier

La garnison est mise brusquement sur pied par la « générale », battue et sonnée par les tambours et clairons.

Les prussiens, après avoir enveloppé Danjoutin, défendu par 7 ou 800 hommes, tentent l'assaut de ce village.

Les compagnies de mobiles envoyées au secours de la petite garnison de Danjoutin, ne peuvent la dégager.

Les assiégés résistent jusque dans l'après-midi, mais devant un ennemi très supérieur en nombre, il sont obligés de se rendre.

Le capitaine du génie Degombert tombe mortellement frappé.

9 Janvier

On entend distinctement les canons français dans la direction d'Héricourt. Toute la ville est en joie, croyant à l'arrivée prochaine d'une armée de secours. (1).

Depuis deux jours le village de Perouse est affreusement bombardé. Les habitants sont tellement terrifiés qu'ils se cachent dans

(1) C'est le jour où se livrait la bataille de Villersexel.

les caves et ne veulent même pas sortir pour éteindre les incendies.

— M. Denizot, demeurant dans la maison Mermet, près de la gare, a le crâne emporté par un éclat d'obus. A l'ambulance de l'Hôtel de Ville un projectile pénètre dans une salle, après avoir percé la toiture et le plafond, et écrase la tête d'un malade.

10 Janvier

L'Hôtel-de-Ville reçoit de nombreux obus, de même que les maisons Chollet, Gressien, Lollier, Isaac Lévy et Keller.

11 Janvier

Les maisons Lang et Beckary sont la proie des flammes.

On évalue de 5 à 6000 par jour, le nombre de projectiles lancés sur la place par les allemands. Nos forts en sont littéralement criblés. La municipalité fait étayer les maisons qui menacent de s'écrouler.

12 Janvier

Les premiers obus arrivent de Danjoutin. Un artilleur de la Justice, étant dans la cuisine de la caserne, a les deux jambes broyées par des éclats d'obus.

On voit travailler les prussiens près de

Danjoutin, où ils exécutent des terrassements considérables.

Des travaux se font également à Valdoie.

13 Janvier

Nuit très agitée. La canonnade redouble. Beaucoup de maisons sont touchées. Deux obus pénètrent en même temps dans la maison Antonin, près la maison Wasmer.

M. Montpellier, sergent à la garde nationale mobilisée, a le bras emporté près le pont de la Savoureuse.

— On apprend la mort de M. St uff, médecin aux ambulances.

— Les ennemis lancent sur le Château des projectiles d'énormes dimensions. Leur longueur est de 55 centimètres et leur diamètre de 22. Nos soldats les baptisent du nom d'« enfants de troupes ».

14 Janvier

Matinée calme. Les habitants sortent dans la rue, heureux de la nouvelle, répandue la veille, de la victoire de Villersexel.

Mais le bombardement reprend l'après-midi et fait rentrer tout le monde. Les batteries prussiennes de Danjoutin envoient des bombes sur le Château.

De nombreux soldats et mobiles sont blessés aux Perches et à la Justice.

Les bombes à pétrole allument de nouveaux incendies à Perouse.

15 Janvier

Le matin à 5 heures on entend au loin, le grondement du canon (1). L'armée de secours, si impatiemment attendue, doit être aux prises avec les prussiens.

On aperçoit du Château la fumée de la bataille, entre Héricourt et les hauteurs de Mandrevillars. Les troupes engagées paraissent occuper un front de plus de cinq lieues, qui va de Brévilliers ou d'Echenans à Châtenois.

A 2 heures l'aile droite est fortement engagée et canonne vigoureusement. A 3 h. 1/2 la fusillade semble se rapprocher mais à l'aile droite la canonnade paraît plus lointaine, pour redevenir, plus tard, si forte que le sol tremble.

Jusqu'à la tombée de la nuit c'est un bruit terrible de coups de canons, de mitrailleuses et de détonations de fusils.

— Le colonel Denfert donne à toutes les

(1) C'est l'armée de Bourbaki qui cherche à traverser la Lizaine pour s'emparer ensuite de St-Valbert.

batteries l'ordre de tirer à blanc jusqu'à la nuit, en signe d'allégresse, cinq coups par pièce.

— Dans la soirée la deuxième compagnie du 1er bataillon du 65e pousse une reconnaissance du côté ennemi et tue quelques prussiens.

Les Belfortains ne savent rien de l'issue de la bataille et la nuit se passe anxieusement.

Le capitaine de la Laurencie est blessé à la jambe.

16 Janvier

Entre 7 et 8 heures on entend de nouveaux coups de canon au sud de la place. C'est la bataille qui reprend. Mais à 2 h. 1/2 il semble que les français s'éloignent.

Au même moment le 4e bataillon de la Haute-Saône et trois compagnies du 16e du Rhône, sous les ordres de M. Chabaud, commandant, effectuent une reconnaissance sur la ligne des batteries d'Essert.

Nos hommes répondent vigoureusement au feu ennemi et la reconnaissance terminée, ils se replient en bon ordre sous les murs de Belfort.

Au cours du combat, le capitaine Salé, du Rhône, est tué.

On entend toujours le bruit de la fusillade au lointain. L'action semble être engagée maintenant du côté de Frahier.

17 Janvier

A 1 heure du matin de fortes escarmouches ont lieu à l'aile gauche de l'armée de secours.

Vers dix heures, l'action s'étend sur toute la ligne. Nos forts tirent vigoureusement.

La neige tombe à gros flocons.

Jusqu'à 5 heures, c'est une canonnade furieuse, puis le feu se calme.

Dans la nuit le colonel Denfert fait exécuter trois reconnaissances contre Essert, le bois de Bavilliers et le bois de l'Arsot.

18 Janvier

La population ne sait toujours rien de l'issue de la bataille de ces jours derniers.

Le bombardement continue.

Dans la soirée, les prussiens ont attaqué l'une de nos grand-gardes sur la voie ferrée.

19 Janvier

La nuit dernière, le bruit du canon n'a pas cessé du côté de Beaucourt.

Il est certain maintenant que l'armée du général Bourbaki s'éloigne. La consternation est générale.

Rien de nouveau à Belfort. Les prussiens tirent beaucoup sur le Château.

20 Janvier

Une terrible catastrophe se produit au Château. Un magasin à poudre saute et les projectiles placés à proximité éclatent au milieu des hommes de la batterie de la garde mobile du Haut-Rhin. On compte de nombreux morts ou blessés.

Le bombardement a été intense toute la journée. Près de vingt maisons ont été atteintes. Une femme a été blessée en traversant la rue sur l'Eau.

Un obus tombant sur le toit de l'église, brise la galerie de pierres qui l'entoure.

21 Janvier

A minuit les Prussiens attaquent Perouse. Trois fois supérieurs en nombre, ils n'en sont pas moins repoussés à plusieurs reprises, avec de grandes pertes.

Mais la position devient intenable et, à 5 heures, arrive l'ordre de battre en retraite.

Toute la journée les canons allemands ont

jeté sur la ville des obus et de la mitraille. On évalue à 5 ou 6.000 le nombre de projectiles reçus à Belfort aujourd'hui.

Les batteries allemandes se sont encore rapprochées.

Un obus traverse le blindage d'une casemate du Château, tue trois hommes et en blesse plusieurs autres. Un autre projectile tue ou blesse sept soldats du 84e, dans une maison du Fourneau.

22 Janvier

Il semble que les allemands ont décidé de détruire Belfort. Leurs canons ne font plus de différence entre les bâtiments militaires et les maisons particulières. C'est encore une véritable pluie d'obus qui tombe aujourd'hui sur la ville. Plusieurs personnes inoffensives sont tuées ou blessées.

Un mobile tombe devant l'Eglise, tué net.

23 Janvier

Depuis midi les prussiens n'envoient plus en ville que des schrapnells. Des femmes et des enfants sont blessés à mort,

Des batteries nouvelles sont installées entre Bavilliers et Danjoutin. Il n'est plus possible de circuler dans les rues. A chaque instant éclatent, un peu partout, les projectiles allemands.

24 Janvier

Rien n'est changé dans la situation. Le bombardement continue.

Une nouvelle délégation suisse se rend au quartier général prussien, à Bourogne, dans le but d'obtenir pour les vieillards, les enfants et les femmes enfermés dans Belfort, l'autorisation de sortir de la place. Mais cette deuxième tentative échoue comme la première.

25 Janvier

Les maisons qui souffrent le plus aujourd'hui sont celles de MM. Grosborne Nizole et Laroyenne.

M. Beck a la cuisse emportée. La cantinière du 15ᵉ et son enfant sont tués.

Mais si nos pertes sont sensibles, elles sont encore plus importantes du côté allemand. Nos canons font énormément de mal à nos ennemis et leur tuent tant de monde que les soldats prussiens ont fini par dire du siège de Belfort qu'il est pour eux une fabrique de cadavres (*Todten fabrick*).

La prise de Belfort devait être effectuée en deux ou trois jours, selon le dire de leurs officiers. Et voilà le quatre-vingt-quatrième jour que Belfort est investi, et le cinquante-quatrième que la ville est bombardée !

Le fièvre typhoïde tue dix à douze personnes par jour.

26 Janvier

Vers 5 heures et demie du soir. les Prussiens, au nombre de 5 ou 6.000, tentent l'assaut des Perches.

Jusqu'à 10 heures, repoussés chaque fois, ils reviennent à la charge en poussant des hurlements sauvages. On a appris, depuis, qu'avant de les lancer sur les Perches, d'amples distributions d'eau-de-vie leur avaient été faites.

Le tir des Perches, bien dirigé, cause des ravages énormes dans les rangs ennemis. Leurs cadavres roulent en tas dans les fossés.

A 10 heures 1/2 les prussiens battent en retraite laissant entre les mains des nôtres environ 250 prisonniers, parmi lesquels plusieurs officiers.

On évalue à 1000 ou 1200 hommes les pertes subies par l'ennemi. Nous ne perdons de notre côté que 15 ou 20 soldats.

27 *Janvier*

Une suspension d'armes de deux heures est convenue pour procéder à l'enlèvement et à l'inhumation des soldats tués à l'assaut d'hier.

Le bombardement a repris ensuite.

28 *Janvier*

Rien de nouveau. Le bombardement continue.

Au cours d'une escarmouche le sergent-major Lépine (1) est blessé d'une balle à l'épaule.

— Un garde mobilisé, M. Gustave Mouroux (2),de Belfort,est blessé au pied par un éclat d'obus.

— L'église, dont les caves sont occupées par les indigents, reçoit de nombreux projectiles.

29 *Janvier*

La nuit dernière a été très agitée. A tout instant des détonations formidables mettent la population sur pied.

---

(1) Actuellement Préfet de Police. Après la guerre M. Lépine reçut la médaille militaire.

(2) M. Mouroux mourut deux jours après des suites de sa blessure. Son nom est inscrit sur la plaque qui rappelle le souvenir des anciens éléves du lycée et du collège morts pour la patrie.

Les prisonniers prussiens vont à la corvée des vivres. Ils sont l'objet d'une vive curiosité.

30 Janvier

Le bombardement est terrible aujourd'hui. A tout instant éclatent les schrapnells, les bombes et les obus.

Les allemands ont ouvert, pendant la nuit, une parallèle de 7 à 800 mètres de longueur en avant des Perches.

31 Janvier

Au Fourneau la maison Bontemps s'effondre sous les projectiles qu'elle a reçus. — Une femme est tuée dans le même quartier.

— Vers 2 heures du matin un « enfant de troupe » entrant dans la prison, y tue quatre prisonniers prussiens ét en blesse seize autres.

1er Février

Les prussiens essaient de bombarder les Forges avec des canons de campagne établis à mi-côte du Salbert. Leur tentative reste infructueuse.

Dans la soirée ils essayent encore une fois de prendre les Perches. Mais après deux heures de combat les allemands se retirent.

La maison de M. Lang, au faubourg, est la proie des flammes.

La nouvelle de la capitulation de Paris se répand en ville.

2 Février

Nuit très calme.

Un ouvrier, nommé Foin, dit Chicot, est blessé mortellement devant la maison de M. Baize.

3 Février

Sous les projectiles qui pleuvent aujourd'hui sur la ville plusieurs maisons s'effondrent.

La fusillade est très vive du côté des Perches.

Du Salbert les allemands recommencent leur tir sur les Forges.

Au faubourg de Montbéliard la maison Meigret est démolie par les obus.

Un emprunt de 80.000 fr. est conclu par le préfet pour compléter la solde de la garnison.

4 Février

Le colonel Denfert envoie un parlementaire au camp prussien pour solliciter du général commandant l'armée d'investissement l'autorisation d'envoyer un officier en Suisse pour savoir ce qu'il y a de vrai dans la nouvelle d'un armistice signé aux environs de Paris et demander des ordres au gouvernement.

— Le bombardement a été aujourd'hui particulièrement intense.

Voici les noms des victimes de l'explosion qui a eu lieu le 20 Janvier au Château :

MM. Pleig Emile-Désiré, 25 ans, maréchal des logis, né à Auxonne ; Pflieger Martin, 26 ans, né à Walheim (Alsace) ; Wetzel Aloïse-Célestin, 26 ans, né à Hausguen (Alsace) ; Brand Georges, 25 ans, né à Willer (Alsace) ; Stimpfling Jacques, 23 ans, né à Eglingen (Alsace) ; Reber Isidore, 23 ans, né à Durmenach (Alsace) ; Seel Jacques, 24 ans, né à Mulhouse ; Brendlé Thiébaut, 24 ans, né à Thann ; Holweck Jean-Joseph, 23 ans, né à Thann ; Bornèque Victor, 23 ans, né à Thann ; Bounerat Lucien-Pierre, 22 ans, né à Champigneulles (Meurthe) ; Dittly Joseph, 22 ans, né à Gunstett (Alsace) ; Favez Jacques-Eugène, 23 ans, né à Eschêne-Autrage (Ht-Rhin) ;

Much Jean, 23 ans, né à Niederstembrun (Alsace) ; Kunegel Aloïse, 24 ans, brigadier, né à Illfurth ; Simottel Antoine-Xavier-Frédéric, 24 ans, lieutenant, né à Colmar ; Soldermann Aloïse, 22 ans, né à Ballersdorff ; Zurbach Auguste, 25 ans, né à Carspach ; Schlienger Gaspard, 23 ans, né à Hochstatt, tous de la 4e batterie d'artillerie de la Garde mobile du Haut-Rhin ; Gleitz Michel, 32 ans, gendarme à cheval, né à Melsheim (Alsace).

5 Février

Le bombardement, aujourd'hui, a été terrible. La plupart des maisons du Fourneau sont la proie des flammes.

Un incendie se déclare à l'hôtel-de-ville. Le théâtre, installé dans la partie du bâtiment qui fait face aux casernes, est détruit. Coiffé d'un casque de pompiers, M. Mény, maire, dirige les secours.

— Le colonel Denfert reçoit à 2 heures, par un parlementaire prussien, l'autorisation d'envoyer un officier à Bâle pour correspondre avec le gouvernement de la Défense nationale.

M. Châtel, capitaine d'état-major, est désigné pour remplir cette mission.

Quatre soldats allemands sont encore blessés par un projectile dans la prison de la ville où ils sont internés. Les officiers prussiens prisonniers écrivent à Denfert pour lui demander un abri plus sûr : « Le maréchal Bazaine, disent-ils, avait à Metz un grand nombre de prisonniers allemands. Comme il ne pouvait les nourrir, il les rendit au prince Frédéric-Charles. Ici, il ne s'agit pas de nourriture, mais d'un point tout aussi important, de la sécurité de notre existence. Si vous ne pouvez nous donner cette sécurité, soyez assez bon pour nous renvoyer à notre général. »

A cette lettre le colonel Denfert répond qu'il est disposé à rendre tous ceux des prisonniers qu'il ne peut mettre en sûreté, si de son côté le général de Treskow autorise la sortie des personnes inoffensives que la délégation suisse s'offrait à secourir.

Les officiers allemands écrivent dans ce sens au général de Treskow qui répond par ce laconique billet :

Je regrette de ne pouvoir consentir à votre demande. Vous étiez libres de vous laisser faire prisonniers de guerre ou non. Vous avez choisi le premier parti. Supportez-en les conséquences.

Signé : de TRESKOW.

A la suite de cette lettre les officiers prisonniers demandent au colonel Denfert d'attester par écrit qu'ils ont fait leur devoir le 26 Juin. Le gouverneur leur délivre le certificat qu'ils sollicitent.

6 Février

La journée a été funeste. Les incendies se continuent au Fourneau.

Plusieurs sous-officiers du 16ᵉ sont blessés.

A 7 heures du soir, une bombe, tombée dans la maison Dépierre, crève la toiture et vient tuer Mlle Hartfeld.

Au poste de la garde sédentaire du Fourneau, le soldat Folz a la tête emportée.

Les deux forts des Perches, devenus intenables, sont abandonnés par nos troupes. Le colonel Denfert y laisse une compagnie en grand-garde, pour tromper l'ennemi.

7 Février

Le tir est, aujourd'hui, moins violent, sauf du côté des Barres, où les projectiles pleuvent littéralement.

8 Février

Des nouvelles de l'extérieur parviennent enfin à Belfort.

Le texte de la convention signée par le comte de Bismarck et Jules Favre est publié.

Belfort, les départements de la Côte-d'Or, du Jura et du Doubs ne sont pas compris dans l'armistice du 28 Janvier, parce que la ligne de démarcation entre les territoires respectivement occupés par les allemands et les français n'ont pu être déterminés exactement.

— On apprend que l'assemblée nationale se réunira le 12 à Bordeaux. Les électeurs ont été convoqués pour procéder à l'élection de leurs représentants. Belfort seul, par sa position de ville assiégée, ne peut participer au vote.

— A 1 heure de l'après-midi les Prussiens ayant appris que les Perches ont été abandonnées l'avant-veille, s'en emparent.

Des bombes à pétrole mettent le feu au Fourneau dans les maisons Baumlé, Vernier, Vinez, Bumsel frères et Nicolas Herbelin.

9 Février

En présence des évènements, le colonel Denfert propose au général de Treskow une suspension d'hostilités.

Le général prussien s'y refuse.

Pour arriver à remplir la mission dont il a été chargé, écrit à Denfert le chef des troupes assiégeantes, le général de Treskow doit se guider exclusivement d'après des considérations militaires ; il ne peut pas mettre en jeu la question d'humanité. Il a l'ordre de prendre Belfort le plus tôt possible. Accorder un armistice, ce serait perdre le bénéfice de la prise de possession des Perches et éloigner encore le but vers lequel il doit tendre.

En portant cette réponse à la connaissance de la population, le colonel Denfert ajoute :

Quoiqu'il en soit, la population et la garnison sont prévenues que nulle force militaire, quelque considérable qu'elle soit, n'est en mesure de briser avant un certain temps la résistance de la place. Elles sont prévenues également que leur sort dépend de la continuation de notre résistance jusqu'à la conclusion de la paix. Cette conclusion ne peut tarder, notre pays n'étant malheureusement pas en mesure de continuer la lutte et l'Assemblée nationale se réunissant le 12 février à Bordeaux.

Armons-nous donc de courage et de résignation et continuons, pendant les quelques jours de souffrance qu'il nous reste à passer, à montrer l'attitude énergique et résolue qui nous a valu l'honneur insigne de rester debout, alors que tous les autres avaient été obligés de céder à la puissance de l'ennemi.

Belfort, le 9 février 1871.

Le Colonel commandant supérieur,

DENFERT.

Les allemands commencent à tirer depuis les Perches. Les coups sont portés trop haut, si bien que, passant par-dessus la citadelle, les projectiles viennent tomber sur la Place d'Armes. Un fils du docteur Petitjean, Paul, âgé de 12 ans, est grièvement blessé.

10 Février

On apprend que le colonel Denfert, MM. Grosjean, préfet, Keller, Chauffour, Hartman, Scheurer-Kestner, Gambetta, Tachard, etc., sont élus députés à l'Assemblée Nationale pour le département du Haut-Rhin.

M. Grosjean, préfet, qui se rend à Bordeaux pour prendre part aux délibérations de l'Assemblée, obtient un sauf-conduit et délègue ses pouvoirs à M. Léon Stehelin, avocat.

11 Février

Dans la maison Laroyenne, un éclat

d'obus, pénétrant par la rue de la Botte dans la cuisine de la Famille Haas, enlève le bras à une domestique.

12 Février

Journée calme. Sur le soir les canons du Château se font entendre plus fréquemment.

13 Février

Vers 1 heure du matin un violent incendie se déclare dans un bâtiment appartenant aux religieuses de la rue des Sœurs noires. Tout est détruit.

Pendant la matinée les prussiens ont beaucoup tiré sur le Château, la Justice et la Miotte.

— Brusquement le bruit du canon cesse. Comme une traînée de poudre le bruit d'une suspension d'hostilités se répand.

Des caves et de partout la population sort dans la rue. La joie se lit sur tous les visages.

Le colonel Denfert reçoit par un parlementaire prussien la lettre suivante :

Bouroge, 13 février 1871.

A l'honorable colonel Denfert-Rochereau, commandant la forteresse de Belfort,

« Suivant votre désir du 4 de ce mois j'ai consenti au voyage du capitaine Châtel à Bâle où il ira prendre des renseignements sur l'état des choses en France. Je n'ai pu donner suite à votre demande d'armistice du 8 jusqu'au retour de cet officier, sans perdre le fruit de ma prise de possession des Perches. Mais j'ai ralenti mon feu en attendant le prochain retour du capitaine Châtel. Ce retour, autant qu'il est en ma connaissance, n'a pas encore été effectué. Attendre plus longtemps serait négliger la mission qui m'a été confiée. Je vais donc recommencer mon attaque de la façon la plus énergique. — Je sais que les nouveaux moyens dont je dispose coûteront énormément de sang et que beaucoup de personnes civiles en seront victimes. C'est pourquoi je considère comme mon devoir, avant de reprendre mon attaque, de vous prier de vouloir bien peser si le temps de me rendre la place avec honneur n'est pas actuellement venu.

Je me suis établi sur les Perches et je possède, à cette heure, les moyens nécessaires pour détruire le Château. Il n'y a plus aujourd'hui de levée de siège à espérer. — Non seulement, suivant mon opinion, mais aussi suivant l'opinion d'autorités françaises, notamment suivant le jugement qui a été porté le 10 Mars 1869 sous la direction du général Frossard, par une commission réunie à cet effet, le Château ne pourra pas résister longtemps aux batteries installées sur les Perches, et, comme s'exprime la commission, la prise du Château terminera toute résistance.

Il m'a été tracé un chemin qüe je suis forcé de suivre. Belfort ne sera plus à sauver pour la France. Il dépend donc maintenant de vous seul d'empêcher par la conclusion d'une capitulation honorable une plus grande effusion de sang, et je serai tout disposé, en raison de votre héroïque défense, à vous faire des conditions très favorables. Je suis obligé de m'en rapporter à vous sur la question de savoir s'il vous conviendra de rendre la place. Mais d'un autre côté, c'est sur vous seul que retombera la responsabilité si vous me contraignez de réduire Belfort en un monceau de cendres et d'enterrer les habitants sous les ruines de leurs maisons.

Je n'attends pas de vous une réponse précise. Je laisserai s'écouler douze heures avant de recommencer mon attaque renforcée. Si d'ici-là je ne reçois pas de vous une proposition acceptable, je ne reculerai pas devant les mesures les plus extrêmes, certain que, pour accomplir ma mission, un seul chemin m'est tracé.

Le général-lieutenant commandant les troupes allemandes devant Belfort,

DE TRESKOW.

Quelques minutes après, le colonel Denfert recevait par un parlementaire, communication du télégramme que voici :

Au général de Treskow, commandant les troupes devant Belfort

Le gouvernement français me transmet, pour le commandant de Belfort, le télégramme suivant que je vous prie de lui communiquer par parlementaire :

Le commandant de Belfort est autorisé, vu les circonstances, a consentir à la reddition de la place.

La garnison sortira avec les honneurs de la guerre, et emportera les archives de la place ; elle ralliera le poste français le plus voisin.

Pour le ministre des affaires étrangères,

Ernest PICARD.

Le colonel Denfert exprime au général de Treskow le désir de demander directement les ordres du gouvernement français.

Après de longues discussions la convention suivante intervient :

Art. 1. — Le général-lieutenant de Treskow enverra un dépêche télégraphique à Versailles, pour faire connaître à M. de Bismark que le colonel Denfert demande un avis direct de son gouvernement sur la reddition de la place.

Art. 2. — Le colonel Denfert enverra à Bâle un officier chargé d'y attendre l'avis télégraphique du gouvernement français.

Art. 3. — Jusqu'au retour de cet officier, il y aura entre l'assiégeant et l'assiégé une suspension d'armes commençant le 13 à 11 heures du soir. Néanmoins cette suspension d'armes pourra, à un moment quelconque, être dénoncée douze heures avant l'époque projetée pour la reprise des hostilités.

Art. 4. — Pendant cette suspension d'armes, les deux partis resteront dans leurs positions actuelles. Les limites ainsi tracées ne pourront être franchies et il ne pourra pas davantage y avoir de communications, de la part de personnes civiles, entre la forteresse et l'extérieur.

Art. 5. — Le colonel Denfert s'engage à faire connaître dans le plus bref délai au général-lieutenant de Treskow la résolution qu'il aura prise après réception des avis du gouvernement français.

Fait en double, en langue allemande et en langue française, à Belfort, le 13 Février 1871.

Signé : Krafft, *Capitaine du génie*

Signé : de Schultzendorf *Capitaine d'état-major du siège*

A la suite de cette convention, une suspension d'armes est décidée.

14 Février

Le capitaine Krafft se rend à Bâle pour se mettre directement en relations avec le gouvernement de la Défense Nationale.

La population quitte les caves pour la première fois depuis le bombardement. Les rues sont pleines de monde On aperçoit distinctement les Prussiens aux Perches.

15 Février

Les capitaine Krafft et Chatel reviennent de Bâle avec des instructions qui confirment le télégramme de M. Ernest Picard.

Le colonel Denfert écrit alors au général de Treskow pour l'informer qu'il est prêt à lui rendre la place sous les conditions mentionnées par la dépêche du 13. Il lui fait part, en outre, qu'il désigne le commandant Chapelot et le capitaine Krafft pour traiter de la reddition.

16 Février

Le colonel Denfert publie la réponse qui a été faite par le gouvernement de Bordeaux à la demande qui lui avait été adressée de Bâle par le capitaine Châtel.

En voici le texte :

Bordeaux, 16 Février 1871.

Le ministre de la guerre au capitaine d'état-major Châtel et au capitaine du génie Krafft, envoyés de Belfort par le colonel Denfert.

En même temps que votre dépêche du 14, de Bâle, reçue seulement aujourd'hui, je reçois une lettre datée du 13, de Paris, par laquelle le général Trochu, au nom du gouvernement de la défense nationale encore en fonctions, à Paris comme à Bordeaux, m'informe que la fraction du gouvernement demeurée à Paris, (général Trochu, président, Ernest Picard, chargé du ministère des affaires étrangères,) vous a autorisé à rendre la place que vous avez si glorieusement défendue, aidé en cela par la vaillante population de Belfort.

En présence de cette autorisation du gouvernement de Paris, et de la considération que vous faites vous même valoir, double fait mettant votre honneur complètement à l'abri, les membres du gouvernement de Bordeaux, dont je suis l'organe, ne peuvent que confirmer l'autorisation de leurs collègues de Paris et je couvre de ma responsabilité le parti suprême que vous prendrez en vous inspirant de votre propre honneur, comme de l'intérêt des soldats et de l'héroïque population qui vous ont si bien secondé.

Le gouvernement de Paris ne nous a rien fait connaître, en dehors des termes mêmes du télégramme que vous avez reçu de M. Picard. C'est à vous qu'il appartient, par conséquent, de traiter avec l'état-major allemand les conditions les plus favorables relativement au matériel de la place, canons et munitions et, ce qui importe beaucoup plus, aux intérêts de la population de Belfort.

Recevez, colonel, pour vous et vos braves soldats, l'expression de ma douloureuse mais bien ardente sympathie, et soyez auprès de la patriotique population de Belfort, l'interprète des sentiments de reconnaissance et d'admiration des membres du gouvernement et de la France entière.

Signé : général Le Flô.
Chaudordy.

Pour copie conforme :
Le Vice-Consul de France à Bâle,
Signé : Jules Kœcklin.

— Les officiers désignés pour discuter avec l'ennemi les conditions de l'évacuation de Belfort par les troupes françaises se réunissent dans la soirée à Perouse.

Voici le texte de la convention relative à la reddition de Belfort, signée à Perouse à 4 heures de l'après-midi :

Entre MM. Denfert-Rochereau, colonel du génie, commandant supérieur de Belfort, et de Treskow, général-lieutenant de S. M. le roi de Prusse, comcommandant en chef de l'armée assiégeante de Belfort.

Il a été convenu ce qui suit :

1° Le colonel Denfert, sur l'autorisation spéciale qui lui a été donnée, vu les circonstances, par le gouvernement français, remet au général-lieutenant de Treskow la place avec ses forts.

2° La garnison, en raison de sa valeureuse défense, sortira librement, avec les honneurs de la guerre, et elle emmènera les aigles, drapeaux, armes, chevaux, équipages et appareils de télégraphie militaire qui lui appartiennent spécialement, ainsi que les bagages des officiers et ceux des soldats, et enfin les archives de la place.

La garnison comprend les troupes de ligne, la garde nationale mobile et la garde nationale mobilisée, les douaniers et la gendarmerie. La garde sédentaire restera à Belfort et remettra ses armes à la mairie avant la remise de la place.

3° Tout le matériel de guerre, les vivres et les munitions, en tant qu'ils ne sont pas, sans conteste, nécessaires à la garnison, et de plus, les approvisionnements de toute nature de la place et les propriétés de l'Etat en entier seront remis dans l'état où ils se trouvent au moment de la signature de la présente convention Cette remise sera effectuée par une commission à nommer par le commandant de la place. Elle aura lieu le 18 février à 10 heures du matin.

4° Le 18 février, à 10 heures du matin, des officiers allemands d'artillerie et du génie seront introduits dans les forts et le Château, pour prendre possession des magasins à poudre et des vivres, en présence d'officiers français des mêmes armes.

5° La garnison française devra avoir terminé l'évacuation de la place le 18, à midi, heure à laquelle les troupes allemandes en prendront possession. L'ordre de marche sera réglé dans une pièce annexe.

6° Les blessés et les malades restant dans la place seront, dès leur rétablissement, menés par convois jusqu'à la ligne de démarcation la plus voisine ; ils emporteront leurs armes. Ceux qui seront impropres au service militaire seront renvoyés dans leurs foyers.

7° La garnison laissera dans la place les médecins et les infirmiers nécessaires au service des hôpitaux. Ce personnel sera traité suivant les conditions de la convention de Genève.

8° Les prisonniers allemands, soit blessés ou non, qui sont internés à Belfort, au nombre de 7 officiers et 243 hommes, seront remis aux troupes allemandes le 18 févrir à 10 heures du matin, dans leurs casernements actuels.

9° La propriété privée des officiers qui quittent la forteresse sera respectée au même titre que le reste des propriétés particulières.

10° Le colonel Denfert fera remettre au lieutenant général de Treskow, aussitôt que possible, une situation d'effectif des troupes qui quittent la la place, pour permettre le règlement de l'ordre de marche ; et les commissions chargées de la remise des malades des deux nations et des prisonniers devront être munies de situations semblables.

11° L'administration allemande favorisera de tout son pouvoir l'apport des vivres et de secours pour les habitants de la ville, ainsi que la venue de médecins du dehors.

La présente convention a été rédigée et signée par les officiers dont les noms suivent :

Du côté français, MM. Chapelot, chef de bataillon au 84e régiment d'infanterie de ligne et Krafft, capitaine du génie auxiliaire ;

Du coté allemand, MM de Laue, major et commandant de bataillon au 4e régiment d'infanterie de Magdebourg n° 67, et de Schultzendorff, capitaine d'état-major

Tous munis de pouvoirs réguliers de leurs chefs respectifs

Fait en double original en chacune des deux langues.

CHAPELOT,
Chef de bataillon au 84e de ligne.
V. KRAFFT,
Capitaine du génie auxiliaire.
DE LAUE,
Chef de bataillon au 67e de ligne.
DE SCHULTZENDORFF,
Capitaine d'état-major.

ACTE ADDITIONNEL

1° Les postes et les sentinelles de la place y resteront jusqu'à ce qu'ils aient été relevés par les troupes allemandes, ce qui aura lieu immédiatement après l'entrée de celles-ci et sous la direction d'un officier supérieur de chacune des deux armées. Cela fait, ces troupes se masseront et suivront en corps la garnison.

2° La garnison française sera dirigée sur le département de Saône-et-Loire. Elle suivra deux routes et marchera sur chacune d'elles par colonnes de 1.000 hommes, espacées de 5 kilomètres au moins l'une de l'autre.

Le 17, il partira quatre de ces colonnes, dont deux marcheront sur Audincourt, Exincourt, Etupes, et les deux autres sur Arcey-Héricourt.

Chaque colonne sera accompagnée par un officier allemand.

3° La garnison emmènera ses vivres ; le lieutenant-général de Treskow fournira les chariots nécessaires.

4° Pendant la marche à travers la région occupée par les troupes allemandes, la discipline intérieure reste l'affaire des officiers français. Tout délit commis en dehors des corps de troupe sera puni d'après les lois allemandes.

Ceux qui s'éloigneront de leurs corps ou de leurs quartiers de plus de 4 kilomètres et ceux des soldats de la garnison qui seront trouvés plus de 12 heures après le départ de la garnison seront traités comme prisonniers de guerre.

Fait en double, en chacune des deux langues, par les commissaires soussignés.

Perouse, le 16 février 1871.

CHAPELOT. DE LAUE.
KRAFFT. DE SCHULTZENDORF.

Le Colonel Denfert adresse la proclamation suivante à la population civile et militaire :

Citoyens et Soldats,

Le gouvernement de la défense nationale m'a donné, en vue des circonstances, l'ordre de rendre la place de Belfort. J'ai dû, en conséquence, traiter de cette reddition avec M. le général de Treskow commandant en chef de l'armée assiégeante.

Si les malheurs du pays n'ont pas permis que la résistance vigoureuse offerte par la garnison, la garde nationale et la généralité de la population, reçut la récompense qu'elle méritait, nous avons pu, du moins, avoir la satisfaction de conserver à la France la garnison qui va rallier avec armes et bagages et libre de tout engagement le poste français le plus voisin.

Connaissant l'esprit qui anime les habitants de la ville, au milieu desquels je demeure depuis plusieurs années, je comprends mieux que personne l'amertume de la situation qui leur est faite. Cette situation est d'autant plus pénible qu'on prétend nous faire craindre, qu'au mépris des principes et des idées modernes, le traité de paix que nous allons subir ne consacre une fois de plus le droit de la force et n'impose à l'Alsace tout entière la domination étrangère.

Mais je reste convaincu que la population de Belfort conservera toujours les sentiments français et républicains qu'elle vient de manifester avec tant d'énergie. En consultant du reste l'histoire même du siècle présent, elle y puisera la légitime confiance que la force ne saurait longtemps prévaloir contre le droit.

Vive la France ! Vive la République !

Belfort, le 16 février 1871.

Le Colonel commandant supérieur,
DENFERT-ROCHEREAU.

M. Stehelin adresse de son côté la proclamation que voici aux habitants de Belfort :

Citoyens,

Le Préfet du Haut-Rhin qui était venu partager vos périls et vos souffrances ne se trompait pas en vous disant, le 3 décembre dernier « qu'il ne rencontrerait ni un soldat ni un habitant pour trouver les sacrifices trop grands ou la résistance trop longue. »

Vous avez répondu à son attente et à celle du pays.

Le gouvernement de la défense nationale vient de rendre un éclatant hommage à votre héroïque patriotisme et au courage de ceux qui ont si vaillamment défendu vos remparts.

Le canon de Belfort est le dernier qui ait retenti en France, l'Europe entière en a entendu l'écho.

Vous avez, pendant près de quatre mois, maintenu haut et ferme le drapeau de la République.

Aussi vous saurez souffrir avec dignité les épreuves du présent et attendre avec confiance les espérances de l'avenir.

Vive la France ! Vive la République !

Pour le Préfet et par délégation,
Léon Stehelin.

La garnison de Belfort est divisée en onze colonnes. Ce qui reste de vivres est vendu à la population. L'argent qu'on en retire permet de payer la solde arriérée des officiers.

17 Février

La première colonne de la garnison quitte Belfort après que la garde sédentaire a remis ses armes à la mairie. Ce départ est précédé d'une revue passée par le colonel Denfert.

18 Février

La dernière colonne, commandée par le colonel Denfert, quitte la place à midi.

Peu d'instants après, entrent les Prussiens, au nombre de 5.000. Ils sont logés chez l'habitant

Dans la soirée, l'ordonnance suivante était rendue publique :

Ordonnance du Commandant Impérial et Royal à Belfort

« Ayant pris la direction du commandement, aujourd'hui à midi, j'ai pris les dispositions suivantes :

« 1. Toutes les ordonnances du commandant seront rendues uniquement en *langue allemande* ; elles ne sont pas moins exécutoires pour les habitants ne *parlant pas cette langue*. S'il s'agit d'affaires communales, elles peuvent être traduites s'il est nécessaire.

« 2. L'autorité locale doit faire connaître que l'état de siège continue, que tous les crimes et délits et en particulier toute contravention aux arrêtés du commandant, concernant les personnes civiles et militaires seront punis suivant les lois de la guerre ou les lois civiles.

« 3. L'autorité municipale doit en outre faire connaître que tous les habitants de la ville ont à déposer au poste principal de la place toutes armes et munitions, sans exception, dont ils sont détenteurs. Les propriétaires de maisons sont responsables pour la rigoureuse exécution de cet ordre, et quant aux habitations dont les propriétaires sont absents les autoriés locales doivent y faire une minutieuse perquisition avec l'assistance, au besoin, de l'autorité militaire.

« 4. Tous les journaux, publications, proclamations et en général tous imprimés, à l'exception des ordonnances par moi autorisées, sont interdits jusqu'à nouvel ordre.

« 5. Les habitants doivent être prévenus qu'au

cas où les troupes allemandes en armes seront insultées soit de l'intérieur d'une maison ou édifice, soit à un autre lieu, il sera procédé suivant l'usage de la guerre.

« 6. Par contre les troupes respecteront les propriétés privées et les réquisitions ne seront opérées qu'avec mon agrément.

« 7. Tous les débits de boissons doivent, jusqu'à nouvel ordre, se fermer à 9 heures du soir. — Les personnes qui se trouveront dans la rue après 9 heures seront arrêtées par la garde ou les patrouilles et conduites au poste principal, à l'exception des officiers des troupes allemandes. — Les médecins civils ayant à faire des visites pressantes à leurs malades peuvent être exceptés de cette disposition et ce seulement sur la proposition de l'autorité locale et après une autorisation écrite de ma part.

« 8. L'autorité locale veillera à ce que les rues et places publiques soient suffisamment éclairées. — Dans le cas où cet éclairage ne peut être organisé immédiatement, les civils ne peuvent paraître dans la rue et sur les places depuis la brume jusqu'à 9 heures du soir sans être munis d'une lanterne.

« 9. Les postes des portes de la ville ne laisseront entrer ni sortir demain matin aucun civil avant 10 heures à moins qu'il ne soit muni d'une autorisation écrite émanant de moi. — A partir de demain après 10 heures du matin, le passage, jusqu'à nouvel ordre, sera libre depuis 7 heures du matin jusqu'à 6 heures du soir.

« 10. Les autorités locales commenceront à faire enlever des rues et des places publiques les décombres et immondices et continueront à être chargées de ce soin.

« 11. Si les autorités et police locales ne peuvent obtenir la rigoureuse exécution de ces prescriptions, elles provoqueront auprès de moi l'assistance militaire.

« 12. L'entretien des troupes allemandes a encore lieu provisoirement sur les provisions des magasins militaires. L'autorité locale doit pourvoir immédiatement au logement de 5.000 hommes, soit dans les maisons privées, soit dans les postes militaires ou dans les casernes restant habitables. (1)

DE SCHELILA,
Lieutenant-colonel commandant.

Ici s'arrête l'histoire de Belfort pendant le siège. Mais avant de terminer, qu'il nous soit permis de citer quelques chiffres intéressants, puisés dans l'ouvrage de M. Belin, avocat, lieutenant de la garde mobile, attaché, pendant le siège, à l'état-major du gouverneur de la place.

L'ennemi était arrivé à mettre 200 pièces en batterie contre la forteresse. Ces pièces ont envoyé, pendant la durée du bombardement, 410.000 projectiles de toutes dimensions, soit en moyenne, 5616 projectiles par jour.

La place répondait au feu de l'ennemi

---

(1) On sait que l'occupation allemande ne prit fin que le 2 août 1873, quand la rançon de 5 milliards fut complètement payée aux Allemands.

avec une partie seulement des 370 bouches à feu qui défendaient son enceinte et ses forts. Elle a envoyé à l'ennemi 86.000 projectiles de toutes espèces et brûlé 210.000 kilogrammes de poudre. Les prussiens ont encore trouvé dans la place 160.000 kilogrammes de poudre, 7000 obus rayés et un grand nombre de boulets d'ancien modèle.

Après avoir pris possession de la place, les allemands ont interdit de recueillir les éclats de projectiles et donné l'ordre aux citoyens de rendre tous ceux qu'ils avaient ramassés pendant le bombardement. Les prussiens ont ainsi réuni et vendu dix millions de kilogrammes de fonte.

La garnison de Belfort était, on le sait, de 17.600 hommes, au commencement du siège. 12.500 environ ont quitté la place, lors de la reddition. Les pertes de la garnison sont donc de 5100 hommes et dans ce nombre il faut compter les morts, les prisonniers et aussi les malades et les blessés qui sont restés dans les ambulances après l'évacuation de la place. Pendant le siège 1020 hommes sont morts de maladie ou des suites de blessures à Belfort même ; 2400 ont disparu, tués, blessés ou prisonniers dans les différentes attaques ; une centaine ont déserté. Enfin, les malades et les blessés, laissés dans les hôpitaux, après le départ des troupes, atteignent le chiffre approximatif de 1600.

On sait que le traité préliminaire de Versailles a été signé le 26 février 1871 et qu'il a été ratifié à Bordeaux par l'Assemblée Nationale, le 1er mai suivant.

Voici la teneur de l'article 1er. Il intéressait particulièrement la ville de Belfort :

« La France renonce, en faveur de l'Empire Allemand, à tous ses droits et titres sur les territoires à l'est de la frontière ci-après désignée :

« La ligne de démarcation commence à la frontière nord-ouest du canton de Cattenom (Moselle), vers le grand duché de Luxembourg ; suit, vers le sud, les frontières occidentales des cantons de Cattenom et Thionville, passe par le canton de Briey en longeant les frontières occidentales des communes de Montois-la-Montagne et Roncourt, ainsi que les frontières orientales des communes de Marie-aux-Chênes, Saint-Ail, atteint la frontière du canton de Gorze, qu'elle traverse le long des frontières communales de Vionville, Chambley et Onville, suit la frontière sud-ouest de l'arrondissement de Metz, la frontière occidentale de l'arrondissement de Château-Salins, jusqu'à la commune de Pettoncourt, dont elle embrasse les frontières occidentale et méridionale, pour suivre la crête des montagnes entre la Seille et Moncel jusqu'à la frontière de l'arrondissement de Strasbourg au sud de Garde.

« La démarcation coïncide ensuite avec la frontière de cet arrondissement jusqu'à la commune de Tanconville, dont elle atteint la frontière au nord ; de là, elle suit la crête des montagnes entre les sources de la Sarre blanche et de la Vezouze jusqu'à la frontière du canton de Schirmeck, longe la frontière occidentale de ce canton, embrasse les communes de Saales, Bourg-Bruche, Colroy, La Rache, Plaine, Ranrupt, Saulxures et Saint-Blaise-la Roche du canton de Saales, et coïncide avec la frontière occidentale des départements du Bas-Rhin et du Haut-Rhin jusqu'au canton de Belfort, dont elle quitte la frontière méridionale non loin de Vourvenans pour traverser le canton de Delle, aux limites méridionales des communes de Bourogne et Froidefontaine et atteindre la frontière suisse en longeant les frontières orientales des communes de Joncherey et Delle.

La frontière, telle qu'elle vient d'être décrite, se trouve marquée en vert sur deux exemplaires conformes de la carte du territoire formant le gouvernement général d'Alsace, publiée à Berlin en Septembre 1870 par la division géographique et statistique de l'Etat-major général et dont un exemplaire sera joint à chacune des deux expéditions du présent traité.

« Toutefois le tracé indiqué a subi les modifications suivantes de l'œuvre des deux parties contractantes : dans l'ancien département de la Moselle, les villages de Marie-aux-Chênes, près de Saint-Privat-la-Montagne, et de Vionville, à l'ouest de Rezonville, seront cédés à l'Allemagne. Par contre, la ville et les fortifications de Belfort resteront à la France avec un rayon qui sera déterminé ultérieurement.

Le traité définitif, signé à Francfort le 10 mai 1871 et soumis le 18 à l'approbation de l'Assemblée Nationale qui siégeait alors à Versailles apporta quelques modifications aux préliminaires.

En voici l'article 1er :

La distance de la ville de Belfort à la ligne de frontière, telle qu'elle a été d'abord proposée lors des négociations de Versailles, et telle qu'elle se trouve marquée sur la carte annexée à l'instrument ratifié du traité des Préliminaires du 26 Février, est considérée comme indiquant la mesure du rayon qui, en vertu de la clause y relative du premier article des Préliminaires, doit rester à la France avec la ville et les fortifications de Belfort.

« Le gouvernement allemand est disposé à élargir ce rayon de manière qu'il contienne les cantons de Belfort, de Delle et de Giromagny, ainsi que la partie occidentale du canton de Fontaine, à l'ouest d'une ligne à tracer du point où le canal du Rhône au Rhin sort du canton de Delle, au sud de Montreux-Château jusqu'à la limite nord du canton entre Bourg et Felon, où cette ligne joindrait la limite est du canton de Giromagny.

« Le gouvernement allemand, toutefois, ne cédera les territoires sus-indiqués qu'à la condition que la République française, de son côté, consentira à une rectification de frontière le long des limites occidentales des cantons de Cattenom et de Thionville, qui laisseront à l'Allemagne le terrain à l'est d'une ligne partant de la frontière du Luxembourg, entre Hussigny et Redingen, laissant à la France les villages de Thil et de Villerupt, se prolongeant entre Erronville et Aumetz, entre Beulevillers et Boulange, entre Trieux et Lomeringen, et joignant l'ancienne ligne de frontière entre Avril et Moyeuvre.

« La commission internationale dont il est question dans l'article 1er des Préliminaires se rendra sur le terrain immédiatement après l'échange des ratifications du présent traité pour exécuter les travaux qui lui incombent et pour faire le tracé de la nouvelle frontière, conformément aux dispositions précédentes.

La question de savoir si Belfort resterait à la France donna lieu à des débats passionnés. Il nous a paru que notre récit serait incomplet si nous ne faisions connaître dans quelles circonstances exactes fut discutée la clause du traité de paix qui laissait Belfort à la France.

Bismarck, dans une première réunion qu'il eut avec M. Thiers, avait demandé toute l'Alsace, y compris Belfort, Metz et Thionville, la plus grande partie du département de la Moselle et une indemnité de 6 milliards.

Dans une seconde réunion qui eut lieu le 22 février, M. Thiers n'obtint aucune concession du chancelier. Dans le troisième et quatrième voyages qu'il fit avec M. Jules Favre, le 23 et le 24, il put obtenir une réduction de 1 milliard et consentit, pour garder Belfort à la France, à l'entrée de l'armée allemande dans Paris.

Dans son ouvrage sur le *Gouvernement de la Défense nationale*, M. Jules Favre a fait, avec un relief saisissant, le récit de cette douloureuse négociation.

Laissons lui la parole :

«. . Je le vois encore (M. Thiers) pâle, agité, s'asseyant et se levant tour à tour, j'entends sa voix brisée par le chagrin, ses paroles entrecoupées, ses accents à la fois suppliants et fiers, je ne sais rien de plus grand que la passion sublime de ce noble cœur éclatant en plaintes, en menaces, en prières... »

« Quand il eut fait valoir, avec son inimitable éloquence, l'énormité de nos sacrifices, la rigueur inouïe que nous imposait, outre la mutilation de notre territoire, une écrasante rançon, les liens antiques qui nous rattachaient à une ville qui n'avait jamais appartenu à l'Allemagne et qui n'avait rien de germanique, voyant l'inflexibilité de son interlocuteur, il s'écria : — « Eh ! bien, qu'il en soit comme vous le « voulez, Monsieur le comte, ces négocia-

« tions ne sont qu'une feinte. Nous avons
« l'air de délibérer. Nous devons passer
« sous votre joug. Nous vous demandons
« une cité absolument française, vous nous
« la refusez ; c'est avouer que vous avez
« résolu contre nous une guerre d'exter-
« mination ; faites-là. Ravagez nos pro-
« vinces, brûlez nos maisons, égorgez les
« habitants inoffensifs ; en un mot achevez
« votre œuvre. Nous vous combattrons
« jusqu'au dernier souffle. Nous pourrons
« succomber, au moins nous ne serons pas
« deshonorés ! »

« M. de Bismarck parut troublé. L'émotion de M. Thiers l'avait gagné. Il lui répondit qu'il comprenait ce qu'il devait souffrir et qu'il serait heureux de pouvoir lui faire une concession « Mais, ajouta-t-il, il
« serait mal à moi de vous promettre ce
« que je ne puis vous accorder. Le roi m'a
« commandé de maintenir nos conditions ;
« lui seul a le droit de les modifier. Je dois
« prendre ses ordres. Il importe toutefois
« que je confère avec M. de Moltke. Si j'ai son
« consentement je serai plus fort ». Il sortit.

« Il était de retour au bout d'un quart d'heure. Le roi était à la promenade et n'en devait rentrer que pour dîner. M. de Moltke était également absent. On ne peut se figurer notre anxiété. Elle fut à son comble lorsque, une demi-heure après, environ, M. de Moltke fut annoncé. Nous ne le vîmes point. M. de Bismarck s'enferma avec lui ».

« Je ne crois pas que jamais accusé ait attendu son verdict dans une plus fiévreuse angoisse. Immobiles et muets nous suivions d'un œil consterné l'aiguille de la pendule qui allait marquer l'heure de notre arrêt. La porte s'ouvrit enfin et, debout sur le seuil, M. de Bismarck nous dit : « J'ai dû, « suivant la volonté du roi, exiger l'entrée « de nos troupes à Paris. Vous m'avez ex- « posé vos répugnances et vos craintes et « et demandé avec instance l'abandon de « cette clause. Nous y renonçons si, de « votre côté, vous nous laissez Belfort. »

« — Rien, répondit M. Thiers, n'égalera « la douleur de Paris, ouvrant les portes de « ses murailles intactes à l'ennemi qui n'a « pu les forcer. C'est pourquoi nous vous « avons conjuré, nous vous conjurons en- « core de ne pas lui infliger cette humilia- « tion imméritée. Néanmoins, il est prêt à « boire le calice jusqu'à la lie, pour con- « server à la patrie un coin de son sol et une « cité héroïque. Nous vous remercions,

« Monsieur le comte, de lui fournir l'occa-
« sion d'ennoblir son sacrifice. Son deuil
« sera la rançon de Belfort que nous per-
« sistons plus que jamais à réclamer ».

« — Réfléchissez, nous dit M. de Bis-
« marck, peut-être regretterez-vous d'avoir
« rejeté cette proposition ».

« — Nous manquerions à notre devoir en
« l'acceptant », répliqua M. Thiers.

« La porte se referma et les deux hommes d'Etat prussiens reprirent leur conférence.

« Elle nous parut durer un siècle. Après le départ de M. de Moltke, le Chancelier nous fit connaître qu'il n'y avait plus que le roi à convaincre. Il dut, malgré notre impatience, attendre que le monarque eut achevé son repas : vers six heures et demie, il se rendit auprès de lui. A huit heures, M. Thiers recueillait le fruit de son vaillant effort. Il avait rendu Belfort à la France. »

FIN

www.ingramcontent.com/pod-product-compliance
Ingram Content Group UK Ltd.
Pitfield, Milton Keynes, MK11 3LW, UK
UKHW020327250726
13967UKWH00004B/1894